Hernando Calvo Ospina

Im Zeichen der Fledermaus

Die Rum-Dynastie Bacardi und der geheime Krieg gegen Cuba

PapyRossa Verlag

Zweite, unveränderte Auflage

© 2006 by PapyRossa Verlags GmbH & Co. KG, Köln
Alle Rechte vorbehalten
Umschlag: Willi Hölzel
Satz: Sonja Siegert
Druck: Interpress

Die Deutsche Bibliothek – CIP-Einheitsaufnahme

Ein Titeldatensatz für diese Publikation
ist bei Der Deutschen Bibliothek erhältlich

ISBN 3-89438-243-0

Inhalt

„Alle meine Operationen richten sich streng nach den amerikanischen Regeln, und so soll es auch bleiben. Dieses amerikanische System, welches das unsere ist – nennen Sie es Amerikanismus, nennen Sie es Kapitalismus, nennen Sie es, wie Sie wollen –, gibt allen und jedem einzelnen von uns unendliche Möglichkeiten, wenn wir sie nur mit beiden Händen ergreifen und so weit wie möglich zu dehnen wissen."

Al Capone, US-Gangster italienischer Herkunft

Vorwort

Hier ist die Geschichte der engen Beziehungen zwischen den wichtigsten Führungskräften und Aktionären der Gesellschaft Bacardi Rum, der extrem rechten Cubanisch-Amerikanischen Nationalstiftung (FNCA) und der CIA.

Wir finden hier zahlreiche Details, die verdeutlichen, wie Bacardi als Kanal für die Gelder der CIA fungiert hat, die für die paramilitärischen Söldner in Nicaragua und Angola und selbstverständlich für die Konterrevolutionäre in Cuba bestimmt waren. Diese Arbeit ist mehr als eine Aufeinanderfolge von Geschichten über das multinationale Unternehmen, das völlig ungestraft gegen Völker agiert, die verzweifelt für ein besseres Leben kämpfen.

Dieses Buch wirft grundlegende Fragen auf im Hinblick auf die Beziehung multinationaler Unternehmen zu imperialistischer Politik und auf die Instrumentalisierung von privaten Unternehmen durch den Staat für einen Terrorismus, der von eben diesem Staat gelenkt wird. Diese Studie stützt die Auffassung, dass multinationale Unternehmen nicht einfach nur ökonomische Einheiten sind, die wirtschaftliche Expansion zum Ziel haben, sondern vielmehr auch politische Einheiten, die vom Staat zur Sicherung seiner illegalen Geheimaktivitäten benutzt werden.

Das Buch stellt die Rolle von Bacardi bei der Entstehung der Cubanisch-Amerikanischen Nationalstiftung dar und zeigt deren direkten Einfluss auf die US-Politik gegenüber Cuba. Es stellt unter anderem die Frage, wie es möglich ist, dass Führungskräfte von ausländischen, also noch nicht einmal US-amerikanischen Unternehmen, die für ihre geheiligte Ideologie arbeiten, Politik hinter dem Rücken der US-Bürger und gegen deren Interessen machen können. Denn tatsächlich ist Bacardi kein US-Unternehmen. Trotzdem kontrolliert es US-Parlamentarier, kauft die Stimme von Kandidaten für das Weiße Haus und stellt Fonds zur Förderung paramilitärischer Aktivitäten bereit, die die Gesetze der USA verletzen.

Die Nationalstiftung und Bacardi sind so eng miteinander verwoben, dass Schlüsselfiguren des multinationalen Konzerns gleichzeitig Teil der Leitung der FNCA sind. Die Politik von Bacardi-FNCA ist immer schon ein Haupthindernis für jegliche Annäherung zwischen den Vereinigten Staaten und Cuba gewesen. Die Tatsache, dass der Präsident der US-Handelskammer, der wichtigsten Vereinigung der USA auf dieser Ebene, die Wiederaufnahme der Handelsbeziehungen zu Cuba als Priorität ersten Ranges bezeichnet hat, zeigt deutlich, dass die kommerziellen Interessen, die Bacardi-FNCA in besagter Nation verfolgen, immer isolierter dastehen. Warum also betreibt Washington weiterhin die extremistische Politik des Duos Bacardi-FNCA?

Calvo Ospina weist uns vielversprechende Wege, um herauszufinden, warum eine numerisch unbedeutende Gruppe unter den Exilcubanern, die konzentriert in Miami lebt, einen solchen Einfluss ausüben kann. Diese wohlhabenden Rechtsextremisten tragen bis zu 15 % der Fonds für die Wahlkampagnen zum US-Kongress bei. Und was noch wichtiger ist: Die cubanischen Terroristen, die mit der FNCA und mit Bacardi in Verbindung stehen, haben eine tragende Rolle bei den geheimen Operationen in den schmutzigen Kriegen gespielt, deren Schauplätze von Washington wegen ihrer strategischen Bedeutung ausgewählt wurden. Washington ist nicht bereit, sich von den Exil-Terroristen loszusagen, die die *Contra* in Nicaragua gegründet und dirigiert, die Söldner der UNITA in Angola unterstützt, die Todesschwadronen in El Salvador ausgebildet und die gefürchtete politische Polizei Chiles beraten haben. Die Exilcubaner haben, insofern sie verdeckte Terroristen sind, in der Vergangenheit eine strategische Macht dargestellt und tun es immer noch.

Während jedoch Tag für Tag die Zahl der Unternehmen und Farmer zunimmt, die von Washington laut die Aufhebung der Handelsschranken gegenüber Cuba fordern, bemühen sich die US-Regierungen, ihre Ziehkinder vom rechtsextremen Flügel des cubanischen Exils nicht gegen sich aufzubringen.

Calvo Ospina hebt die terroristische, ideologische Komponente in der Politik der Vereinigten Staaten hervor und die Schlüsselrolle, die die Exilcubaner und Bacardi dabei spielen. Es bleibt abzuwarten, ob sich Washington in dieser neuen Periode der kalten Nachkriegszeit, einer Periode, in der sich der Kampf auf wirtschaftlichem Gebiet verschärft, für Bacardi oder für die US-Handelskammer entscheidet.

James Petras
Professor für politische Ethik
Universität von Binghamton, New York

An Stelle einer Einleitung

A

Auch wenn man nicht behaupten kann, es handle sich um ein Thema, mit dem die Mehrheit der Erdbewohner umzugehen wüsste, so ist es doch nicht schwierig, Informationen über die wenig ethischen Praktiken zu erlangen, derer sich mächtige transnationale Konzerne gegen einen großen Teil der Menschheit bedienen – vor allem in jenen Ländern, die man zu Unrecht als die Dritte Welt bezeichnet. Hier ließe sich auf Shell, Texaco, Total oder Nestlé hinweisen.

Über den multinationalen Konzern Bacardi, den größten Rumhersteller der Welt, hat dagegen anscheinend niemand etwas zu sagen. Einem Unternehmen, das jedes Jahr in mehr als hundertsiebzig Ländern zwanzig Millionen Kisten eines alkoholischen Getränks verkauft, das immer dann zum Einsatz kommt, wenn es etwas zu feiern gibt, glaubt keiner misstrauen zu müssen.

Der Name dieses Unternehmens erschien in den 90er Jahren denn auch kaum in den großen internationalen Medien, obwohl sich sein Einfluss in einem US-Gesetz,[1] das gegen Cuba und den internationalen Handel gerichtet war, niederschlug. Man ging wohl einfach davon aus, dass dies alles nur Teil der weit verzweigten Konfrontation zwischen den Vereinigten Staaten und Cuba sei. Ganz so, als wäre es völlig normal, wenn die erste und einzige Weltmacht jenem Land die Daumenschrauben noch enger anzieht, nur weil es beschlossen hat, souverän und sozialistisch zu bleiben.

Einige Monate später sagte Bacardi dem französisch-cubanischen Konsortium Pernot-Ricard-Havana Rum and Licours den Kampf an, um ihm das Recht auf das Markenzeichen Havana Club-Rum zu nehmen. Die Sache wurde seinerzeit aber wenig bekannt, weil sie auf die Wirtschaftsseiten der Zeitungen verbannt wurde.

Aber Bacardi hat seine verborgene Geschichte. Und die wird eifersüchtig gehütet.

B

Man muss hinzufügen, dass das Rum-Imperium im Jahre 1993 eine der weltberühmten Marken Italiens, Martini & Rossi, für die fantastische Summe von 1,4 Milliarden Dollar erwarb. So bildete sich das Konsortium Bacardi-Martini mit Sitz im Steuerparadies Bermudas.

Bacardi, das Mutterhaus des Konsortiums, ist ein Familienunternehmen, das nicht an die Börse gegangen ist. Wenn es an der Börse gehandelt würde, verlören die gegenwärtigen Aktionäre die Kontrolle über die Firma und »private Aspekte, die sie betreffen, würden ins Licht der Öffentlichkeit rücken«.[2] Die Aktionäre schafften das Kostbarste, das die Firma, die 1862 in Santiago de Cuba von einem Katalanen und einem Franzosen gegründet worden war, besaß – nämlich das Markenzeichen –, bereits einige Jahre vor dem Sieg der cubanischen Revolution auf die Bahamas. Von da an ist ein großer Teil der Finanzgeschäfte des Unternehmens unbekannt, da es jetzt auf die Komplizenschaft nicht nur dieses Steuerparadieses zählen konnte, sondern auch auf diejenige der Bermudas, wo es seinen Hauptsitz hat. Aber man weiß, dass die *Holding* Bacardi-Martini (auf den Bermudas unter dem Namen Bacardi Limited registriert) im Jahre 1999 einen Gewinn von 2,5 Milliarden Dollar deklarierte.

Der Rumhersteller Bacardi hat Filialen in Kanada, Jacksonville, Miami, Mexiko, Bahamas, Panama, Puerto Rico, im Vereinigten Königreich, in Deutschland, Italien, Frankreich, Spanien und in Amsterdam, wo sich auch sein Hauptsitz in Europa befindet. Dieser vertritt 47 Betriebe, 24 davon Brennereien, der Rest Büros, und ungefähr sechstausend Beschäftigte.

C

Sieht man auf irgendeiner Straße der Welt zwei Fahrzeuge, von denen das eine ein Toyota und das andere ein Ford ist, so bringt man sie automatisch mit Japan und den Vereinigten Staaten in Verbindung. Auch wenn sie zum Beispiel in Chile oder Marokko zusammengebaut wurden, »weiß« man, dass sie zu jenen Ländern »gehören«. Ein Philips-Radio »ist« holländisch, auch wenn es in irgendeinem asiatischen Land hergestellt wird. Der Tequila »ist« mexikanisch, auch wenn er in Spanien abgefüllt, ja sogar wenn er in Guatemala produziert wird.

Und der Bacardi-Rum? Manche sagen, er komme aus Puerto Rico, andere meinen, von den Bahamas. Die überwältigende Mehrheit weiß es nicht, aber »etwas« lässt sie glauben, er sei cubanisch. Ein irriges »etwas«, denn seit 1960 enthält Bacardi-Rum nichts, was von Cuba stammt.

Bacardi, der Name, die Handelsmarke befindet sich auf den Bahamas, aber das Produkt selber hat, sagen wir mal, kein Vaterland. Es ist eines der wenigen alkoholischen Getränke, über die man das sagen kann. Das ist schlecht für seine »Persönlichkeit«, aber auch für seine Qualität, denn der Sirup stammt von Zuckerrohr, das in den verschiedensten Teilen der Karibik geerntet wird; der Boden und mehr noch die klimatischen Bedingungen variieren, und das ist nicht gleichgültig, denn die Melasse, die aus Zuckerrohr der Bahamas gewonnen wird, ist zum Beispiel anders als die von Puerto Rico. Trotzdem haben die »Wunder« des Marktes und die Raffinesse seiner Eigentümer Bacardi zum meistverkauften Rum werden lassen.

D

Wir wollen kurz auf die Geschichte eingehen, weil sie wesentliche Informationen liefert, die dem Leser helfen werden, sich in einem wenig oder gar nicht bekannten Thema zurechtzufinden, nämlich dem des verdeckten Krieges, den der multinationale Bacardi-Konzern seit 1960 gegen die cubanische Souveränität führt. Aber das ist nicht alles. Seine politischen Optionen haben ihn dazu bewogen, seine Arme weit darüber hinaus auszustrecken.

Dieses Buch ist nur eine Einführung in diese Themen. Es verbleiben viele Gebiete, die es noch zu erforschen gilt.

E

Im Mai 1999 veröffentlichten die Nachkommen von Charles de Gaulle, einem Helden des Zweiten Weltkriegs und herausragenden politischen Strategen Frankreichs, einen Brief, der an ein Familienmitglied gerichtet war, nämlich an einen Enkel mit dem gleichen Namen wie der General. Dieser andere Charles hatte sich bei den Europawahlen als Kandidat der faschistischen Nationalen Front aufstellen lassen. Das missfiel den Angehörigen des Familienclans, die die Ziele dieser politischen Gruppe nicht teilten. Aber obwohl tadelnswert, war dies eine persönliche Entscheidung.

Als der Kandidat jedoch seinen Vor- und Nachnamen nutzte, um sich offen auf seinen Großvater und dessen politische Ideen zu berufen, riss der Familie der Geduldsfaden. In ihrem Kommuniqué machte sie deutlich, dass die politischen Konzepte General Charles de Gaulles nichts mit dem zu tun hätten, was jetzt dieser Nachkomme vertrat. Deshalb wollte man noch nicht einmal andeutungsweise an diesem Betrug teilhaben.

F

Nicht von ungefähr haben wir diese Begebenheit aufgegriffen. Etwa anderthalb Jahre später begann die Untersuchung, die wir im Folgenden dem Leser zugänglich machen. Wie sich zeigen wird, sind führende Personen und Aktionäre des transnationalen Bacardi-Konzerns direkt oder indirekt in geheime oder anders geartete politische Aktivitäten verwickelt gewesen.

Bis heute hat der Autor nicht einen einzigen geschriebenen oder auf Band gesprochenen Satz ausfindig gemacht, aus dem hervorginge, dass irgendein Aktionär des Multis sein Nichteinverständnis oder seine Ablehnung gegenüber diesen Taten geäußert hätte. Und es handelt sich um mindestens sechshundert Personen, die fast alle verwandtschaftlich miteinander verbunden sind.

Erst vor wenigen Jahren besuchte einer von ihnen, der dazu noch den Namen Bacardi trug, Cuba, um die Familienerinnerungen etwas aufzufrischen. Aber nicht einmal er kritisierte mit auch nur einem Wort jene Angehörigen des Konzerns, die mit dessen Ressourcen und/oder eigenen Mitteln Hand in Hand mit der US-Regierung und Gruppen der extremen Rechten gearbeitet haben oder weiterhin Komplotte schmieden, um der Souveränität Cubas ein Ende zu setzen und seinen Bürgern die Aussicht auf ein besseres Leben zu nehmen. Ganz zu schweigen von

dem, was sie in anderen Breitengraden unterstützt haben. Kennt man
also keinen noch so kleinen Satz der Distanzierung, so muss man anneh-
men, dass alle Bacardi-Aktionäre hierfür verantwortlich sind, sei es
durch Taten oder durch Unterlassung. Das schließt seit 1993 den angesehenen italienischen Multi Martini & Rossi ein, aber auch die Leitung
der Unternehmen Dewar's, Bombay Gin und andere, die dem Konsortium angehören.

G

Zum Schluss sei darauf hingewiesen, dass bei dem Thema, das im Folgenden behandelt wird, eine große Zahl von Personen und Organisationen auftritt. Der Autor möchte, dass das vorliegende Buch eine brei-
te Öffentlichkeit erreicht, die nicht notwendigerweise mit der Materie
vertraut ist. Um die Lektüre nicht zu erschweren, hat er sich deshalb
darauf beschränkt, nur das absolut Notwendige zu behandeln, ohne
darüber jedoch den strengen Anspruch an die Nachforschungen aufzu-
geben.

Darum hat, von wenigen Ausnahmen abgesehen, jeder Name und
jedes Geschehen einen direkten Bezug zur Intrige.

Kapitel 1
Die Gesellschaft Bacardi-Bouteiller

Die Sugar Islands und der Rum

In der zweiten Hälfte des 18. Jahrhunderts beschloss das spanische Imperium, dass Cuba nur noch Zucker produzieren solle. Dies hatte zur Folge, dass landauf, landab Zuckerrohrplantagen zu sprießen begannen. Das Mutterland war gierig auf das weiße Gold, und um es zu bekommen, saugte es die Fruchtbarkeit der Erde und die Körper der afrikanischen Sklaven aus.

Und die Habsucht der Krone hatte Glück. Im Jahre 1791 nahm Cuba bereits weltweit die erste Stelle als Produzent und Exporteur von Rohzucker ein. In diesem Jahr hörten die Macheten der Sklaven in Haiti auf, Zuckerrohr zu schneiden, und hackten stattdessen die Köpfe ihrer Herren ab. Es war die erste Massenerhebung schwarzer Sklaven in der Geschichte. Unter den »Herren« der Karibik verbreitete sich das Gerücht, der Konsum von Rum sei an diesem teuflischen Aufstand schuld. Es konnte einfach keine andere Erklärung dafür geben.

Nach dem Zucker kam der Rum. Die spanische Krone kannte schon den Trick, der als Protektionismus bekannt ist, und sie besteuerte deshalb den Export cubanischen Alkohols so stark, dass die Produktion auf der iberischen Halbinsel keine Konkurrenz bekäme. Doch 1796 veränderte sie radikal ihre Politik. Nun stellte Cuba, das im Überfluss über einen billigen und ausgezeichneten Rohstoff verfügte, seine Nachbarinseln in den Schatten, indem es Franzosen und Engländer anzog, die sich in der Technik zur Herstellung von Rum auskannten.

Die Vereinigten Staaten treiben Bacardi fast in den Ruin

Angelockt vom Handelswachstum in der Ostprovinz, kamen 1830 die Brüder Bacardi-Mazó nach Santiago de Cuba, um ein schnelles Vermögen zu machen. Sie stammten aus Sitges bei Barcelona im ehemaligen Fürstentum Katalonien. Wie aus zeitgenössischen Eintragungen im Handelsregister hervorgeht, richteten sie im Februar 1841 einen Laden ein, in dem sie Lebensmittel, Eisenwaren, Kleider und Alkohol verkauften.[3] Drei Jahre später wurde die Sociedad Facundo Bacardi y Cía, die mit Artikeln zur Herstellung von Kleidern handelte, notariell eingetragen.

Mitten in einer Prosperitätsphase, als man es am wenigsten erwartete, erlitt die cubanische Wirtschaft 1857 einen schlimmen Rückschlag: Sie verlor Frankreich und Deutschland als Handelspartner, als diese begannen, ihren Zucker aus Zuckerrüben zu gewinnen. Die Vereinigten Staaten nutzten die Gunst der Stunde und wurden zum wichtigsten Abnehmer, der seine Bedingungen diktierte, die zu einem dramatischen Preisverfall führten.

Man kann davon ausgehen, dass Bacardi und die anderen Kaufleute den bösen Nachbarn im Norden verfluchten.

Nur wenige Händler konnten sich vor dem totalen Ruin retten. Unter den Überlebenden waren die Bacardis. Der Rettungsring bestand in dem Vermögen von Lucía Victoria Moreau, die in Cuba Facundo Bacardi-Mazó geheiratet hatte, und dem des Ehepaares Arabtg-Astié, das sich der Zukunft der Bacardis verpflichtet fühlte, weil zwei von ihnen seine Patenkinder waren. Diese finanzielle Unterstützung und die Beständigkeit des Rum-Preises hielten den Betrieb aufrecht, was den jungen José Bacardi-Mazó dazu ermutigte, sich auf die Produktion und den Verkauf von Rum zu werfen.

Bouteiller produziert Bacardi-Rum

In jenem Juli des Jahres 1862 suchte selbst der Schatten Schutz vor der unbarmherzigen Sonne, die auf Santiago de Cuba hernieder brannte, aber der aus Frankreich stammende José León Bouteiller ignorierte die alles einnehmende Hitze und den Schweiß, der seinen Körper herunterlief. Voller Begeisterung zeigte er den Brüdern José und Facundo Bacardi-Mazó, wie man Rum herstellt.

Aber Bouteiller war nicht der Erfinder der Rum-Destillierung. Schon vor langer Zeit war der Rum untrennbar mit den Verbrechen, Überfällen und dem Zeitvertreib von Piraten und Korsaren verbunden, die die Karibik heimsuchten. Jamaika, von dem die meisten glauben, das Wort Rum habe dort seinen Ursprung, ist genau wie Martinique, Haiti und andere Antilleninseln voll von fantastischen Geschichten über dieses Getränk, das in der Kehle brennt und die europäischen Abenteurer zu wahren Männern machte.

Am 24. Februar 1862 wurde in Santiago de Cuba eine Eigentumsübertragung unterzeichnet. Die Rumfabrik Manuel Idral y Cía änderte ihren Namen und hieß fortan José Bacardi y Cía. Kurze Zeit später, am 2. Juni, fanden sich die Brüder José und Facundo Bacardi-Mazó und José León Bouteiller an gleicher Stelle ein, um die Eintragung als gemeinsame Eigentümer der Fabrik vornehmen zu lassen.

José Bacardi war Hauptteilhaber, hatte er doch ein Kapital von 3.000 Pesos (was 3.000 Dollar entsprach) eingebracht. Bouteiller, von der Wirtschaftskrise in die Knie gezwungen, musste seine eigene Destille schließen, einen Teil seiner Gerätschaften überschreiben und sich mit der Rolle des zweiten Teilhabers zufrieden geben. Facundo, der kurze Zeit für Bouteiller gearbeitet hatte, stellte (aber nicht aus Firmenvermögen) ein bescheidenes Haus mit einem größeren Grundstück zur Verfügung, wo man den neuen Betrieb einrichtete, der Rum, andere alkoholische Getränke und Süßigkeiten produzierte.

Die cubanischen Fabrikanten stellten einen Rum von guter Qualität her, der aber für den feinen Geschmacks- und Geruchssinn der kreolischen und europäischen Aristokratie noch zu scharf war.

Zweifellos trug die Sociedad Bacardi-Bouteiller entscheidend zur Verbesserung des Aromas und des Geschmacks bei, besonders Bouteiller mit seiner Erfahrung auf diesem Gebiet. Diese Fertigkeit eignete sich Facundo schnell an und er machte es sich zur Geduld erfordernden Aufgabe, den feinen Geschmack und das Bouquet zu finden, die Bacar-

di Rum auszeichnen sollten, solange er noch auf cubanischem Boden
hergestellt wurde.

Trotz der langsamen Entwicklung des Unternehmens wurde Bacardi Rum am 10. November 1874 nationale Aufmerksamkeit zuteil. Das
war der Zeitpunkt, als Facundo, in Vertretung seiner Ehefrau und mit-
hilfe ihres Geldes, das zum größten Teil aus der Erbschaft des Ehepaares Arabitg-Astié stammte, seinen Bruder aus der Sociedad warf. Einen
Monat später setzte er Bouteiller vor die Tür, bemächtigte sich mit zwei-
en seiner Söhne der Fabrik für alkoholische Getränke und ließ sie unter
dem Namen Bacardi y Cía eintragen.

Glücklicherweise werden José Léon Bouteiller und die finanziellen
Bürgschaften Facundos in den Archiven von Santiago de Cuba erwähnt,
denn nirgendwo sonst wird an sie erinnert. Und das, obwohl es ohne sie
Bacardi Rum nie gegeben hätte.

Gewinne, die fantastisch klingen

Man hat den Eindruck, dass die Geschichte des Bacardi-Unternehmens
in Cuba mit dem Verschwinden der ersten Generationen von Eigentü-
mern zum Stillstand gekommen wäre. Jenes Museum, das von Emilio
Bacardi-Moreau gegründet wurde, einem Patrioten, der gegen den
Kolonialismus des Landes seiner Väter kämpfte, ist der Stolz der Einwohner Santiago de Cubas. Die Erinnerung an das paternalistische
Verhalten, das die Bacardis gegenüber der Bevölkerung an den Tag leg-
ten, ist aus Zeiten der Ur-Urgroßeltern überliefert. Deswegen sind Be-
trügereien, die die ersten Firmenchefs auf der Stufenleiter zum Erfolg
begangen haben mögen, in der Erinnerung nur als Aneinanderreihung
kleiner Anekdoten haften geblieben.

Im Jahre 1880 verschlang ein Feuer die Destille und die Archive der
Gesellschaft. Knapp ein Jahr später wurden jedoch die Produktion wieder aufgenommen und Gewinne erwirtschaftet, die sich im Jahre 1883
auf 22.696,26 Dollar beliefen. Unerklärlicherweise ist es für den Zeitraum
zwischen 1884 und 1890 fast unmöglich, Informationen zu finden, die
Aufschluss über Gewinne und Verluste geben könnten. Sicher ist, dass

die Unternehmensbilanz im Jahre 1891 Einkünfte von 64.839,45 Dollar aufwies. Ein solches Ergebnis ist bei einem Unternehmen, das praktisch noch als Handwerksbetrieb arbeitete, äußerst selten. Im Jahre 1899 belief sich der erklärte Wert der für die Herstellung von Alkohol benutzten Apparaturen auf nicht mehr als 6.000 Pesos.

Die Bilanzen zwischen 1891 und 1893 sind positiv. Kurioserweise werden für das darauffolgende Jahr – und nur für dieses – Verluste ausgewiesen. Das war genau der Zeitpunkt, zu dem die Brüder Emilio und Facundo Bacardi-Moreau vor dem Notar erschienen, um den Ehemann ihrer Schwester, Enrique Schueg, zum neuen Teilhaber zu erklären. Facundo senior war 1886 gestorben. Enrique wird, wenn auch nur zaghaft, von der offiziellen Geschichtsschreibung des Unternehmens anerkannt, sicher wegen der latenten Gegenwart seiner Nachkommen. Enrique beeindruckte durch sein Organisationstalent und seine kaufmännischen Fähigkeiten, die er sich während seiner höheren Studien in England angeeignet hatte.

Geschäfte und Pro-Annexionismus

Als Cuba im Jahre 1898 kurz davor war, seine Unabhängigkeit vom spanischen Kolonialimperium zu erreichen, traten die Vereinigten Staaten in den Krieg ein, ohne dass die cubanischen Patrioten sie darum gebeten hätten. Spanien wurde besiegt, aber vom Jahre 1901 an verwandelte sich die Insel in ein Protektorat, was sie praktisch zu einer Kolonie der USA machte. Die erste cubanische Verfassung enthielt, sagen wir, einen Zusatz, der von der Regierung und dem Kongress der Vereinigten Staaten erzwungen war und als Platt-Amendment bekannt ist. Dieser Zusatz erkannte das Recht der Vereinigten Staaten an, sich in die inneren Angelegenheiten Cubas einzumischen; er beschränkte das Recht der cubanischen Regierungen, Vereinbarungen und Verträge mit ausländischen Mächten zu schließen, genauso wie das Recht, ohne Zustimmung Washingtons Anleihen im Ausland aufzunehmen. Er erkannte unter anderem das Recht der Vereinigten Staaten an, Land in Cuba zu erwerben und Marinebasen zu unterhalten. Diese erniedrigende Si-

tuation dauerte bis 1933. Die Auswirkungen dieses Amendments aber
sind bis heute in den Beziehungen zwischen den beiden Nationen zu
spüren. Wie beschreibt der transnationale Konzern Bacardi-Martini
aus heutiger Sicht die Vorgänge jener Jahre? »Im Jahre 1898 halfen die
Streitkräfte der Vereinigten Staaten den cubanischen Patrioten, das
Heer der Kolonialmacht Spanien zu schlagen und die Unabhängigkeit
zu gewinnen. Ein Prozess, der mit großem persönlichem Risiko vom
Nachfolger Don Facundos, dem Familienoberhaupt Emilio, unterstützt
wurde.«[4]

Schauen wir uns das einmal an: Dieser Emilio, auf den man sich hier
bezieht, ist nicht der ursprüngliche Begründer der Gesellschaft Bacardi-
Bouteiller, sondern der Sohn von Facundo und Lucía Victoria. Emilio
Bacardi-Moreau kämpfte wirklich gegen die Spanier und für die Unabhängigkeit Cubas, wofür er auch verurteilt, nach Spanien deportiert und
zweimal in unterirdischen Verliesen eingekerkert wurde. Was die offizielle Firmengeschichte nicht erzählt, ist der Umstand, dass die USA einen
ihrer Militärs in Santiago de Cuba als Gouverneur einsetzten, als sie
Spanien verdrängt hatten. Dieser wollte Emilio zum Bürgermeister der
Stadt machen. Als Mensch mit Prinzipien, der loyal zu seiner Nation
stand, nahm Emilio die Ernennung aber nicht an. Bürgermeister und
später Senator wurde er erst, als die Bürger Santiagos ihn dazu wählten.

Während dieser ersten Jahre des neuen Jahrhunderts war Bacardi
eines der wenigen einheimischen Unternehmen, das einen ökonomischen Vorteil aus der halbkolonialen Abhängigkeit zog, der Cuba unter-
worfen war. Eine Haltung, die man von einem rein kommerziellen Stand-
punkt aus verstehen kann. Was aber zu denken gibt, ist die Art, wie der
multinationale Konzern heute darüber berichtet: »Die Vereinigten Staaten halfen Cuba dabei, seine Unabhängigkeit zu gewinnen. Und unter
den vielen Geschenken, die Cuba den Nordamerikanern aus Dankbar-
keit machte, war der Geschmack seines tropischen Alkohols, der in
Santiago de Cuba hergestellt wurde: Bacardi Rum. Und so konnte Bacardi in der Atmosphäre des Jahrhundertbeginns mit Errichtung des
nordamerikanischen Protektionismus auf dem nordamerikanischen
Markt Fuß fassen, den es sorgsam pflegen sollte.«

Im Jahre 1910 begann das Bacardi-Unternehmen mit seiner Expansion, indem es in Barcelona Rum abfüllte. Als 1914 in Europa der Erste Weltkrieg ausbricht, eröffnet Bacardi ein Vertriebsbüro in New York. Damit profitiert Bacardi vom wirtschaftlichen Aufschwung, der sich in den Vereinigten Staaten zum Schaden des ausgebluteten Europa einstellte. Betrugen die Gewinne 1913 noch 175.422,83 Dollar, so beliefen sie sich Ende 1917 bereits auf 416.900,00 Dollar.

Zur Erklärung für dieses Missverhältnis zwischen realer Produktionskapazität und Gewinnen, wie es bis in die erste Zeit des zwanzigsten Jahrhunderts belegt ist, wird manchmal auf Interpretationen zurückgegriffen, die wahrscheinlich nicht unbegründet sind. So will man zum Beispiel erfahren haben, dass das Unternehmen Rum aus Jamaika schmuggelte, in Flaschen abfüllte und mit dem Siegel »Bacardi« versah, um so die wachsende Nachfrage decken zu können. Es heißt, dass dies eine der kleinen Sünden gewesen sei, die man den Bacardis in jenen weit zurückliegenden Zeiten verziehen habe. In Santiago de Cuba war man mit diesen Unternehmergenerationen jedenfalls zufrieden, weil sie als gute Patrioten alle Gewinne wieder zu Hause investierten.

Kapitel 2
Expansion und Vorboten des Aufbruchs

Mitten in der Krise regnet es Millionen

1921 erklärte das Unternehmen, dass seine Aktiva, d. h. der Gesamtwert seines Vermögens, im gerade abgelaufenen Jahr einen Betrag von ungefähr 6 Millionen Pesos erreicht haben.[5] 1927 machten die Aktionäre eine Bierbrauerei auf. 1929 begannen sie damit, in Mexiko Rum abzufüllen, und sieben Jahre später errichteten sie eine Fabrik in Puerto Rico.

Stolz auf ihre Erfolge und ihre Leistungsfähigkeit, berichteten die Eigentümer in der cubanischen Zeitschrift Carteles, dass sie zusätzlich zu dem bereits Erwähnten eine aufwändige Destillieranlage mit Tausenden von Fässern besäßen, ein Lager zur Reifung des Rums mit einer Aufnahmekapazität von bis zu fünf Millionen Gallonen, ein riesiges Destilliergebäude, wo die Fermentierung des Zuckerrohrsirups erfolgt, große Lager für die Verschiffung, eine Kistenfabrik, eine Flaschenfabrik, eine Kühleisfabrik, ein Elektrizitätswerk, verschiedene Eisenbahnwaggons, die nur zur Verschiffung ihrer Produkte benutzt wurden, Tankwaggons für den Abtransport der Melasse von der Zuckerrohrfabrik, mechanische Werkstätten, eine Schreinerei und eine Gießerei, nicht zu vergessen das Bacardi-Gebäude in Havanna.[6]

Die Wirtschaftskrise in den Vereinigten Staaten im Oktober 1929 riss die cubanische Wirtschaft aufgrund ihrer völligen Abhängigkeit von den USA in einen tiefen Abgrund. Die Vereinigten Staaten erholten sich wieder und verfolgten weiter ihren Weg; Cuba dagegen blieb schwer getroffen am Boden, und 1932 fiel der Zuckerpreis auf unter einen Centavo, während die Arbeitslosenrate die jedes anderen Landes übertraf. Die Produzenten von Rum gehörten zu den wenigen innerhalb der kreolischen Bourgeoisie, die sich ihre Inseln des Wohlstands bewahren konnten. Die Mehrheit der Unternehmer musste täglich darum kämpfen, dass die ökonomischen Entscheidungen der USA sie nicht aus dem Wettbewerb warfen und sie nicht dazu zwangen, ihren Besitz zu einem Spottpreis an irgendeinen »Gringo« zu verkaufen.

Die Archive des Handelsregisters in Cuba geben keine eindeutige Auskunft darüber, welcher Art die Geschäfte der Bacardi-Gesellschaft waren, dass diese ein solches Millionenvermögen anhäufen konnte. Das ist wie die Suche nach der sprichwörtlichen Nadel im Heuhaufen. In welcher Flasche hat das Unternehmen König Midas versteckt? Denn wenn sein Rum auch brannte, so war er doch kein Erdöl.

Die Route des Rums

1919 verkündete die Regierung der Vereinigten Staaten den Zusatz 18a zur Verfassung. Dieses Gesetz verbot die Herstellung, den Verkauf und den Import jeglicher Art alkoholischen Getränks. Diese »Prohibition«, so der Name, unter dem das Gesetz bekannt wurde, machte den Weg für eine völlig neue Sorte von Kriminellen frei, die zu Beginn als »Bootleggers« und »Racketeers« bezeichnet wurden und später die Cosa Nostra bildeten. Mit ihren berüchtigten Anführern wie Al Capone, Santos Trafficante und Meyer Lansky organisierten und entwickelten sie den Alkoholschmuggel in großem Stil. Drei wichtige Schlüsselorte gab es, wo man sich einen Teil des Alkohols ohne große Probleme beschaffen konnte, drei Punkte auf der Landkarte, die in der Logistik, wie sie von diesen kriminellen Banden entwickelt wurde, als »Route des Rums« Bedeutung erlangten: Jamaika, Cuba und New Orleans.

Zu dem Zeitpunkt, als der Schwarzhandel mit alkoholischen Getränken begann, kam Bacardi Rum in den USA zu gewissem Ansehen. Es ist schlichtweg unmöglich, dass die Bacardis in diesem Geschäft mit den unermesslichen Gewinnen nicht zu den Lieblingspartnern der Cosa Nostra zählten. Es ist schwer vorstellbar, dass die Moral der Chefs von Bacardi sich diesen König Midas hätte entgehen lassen für etwas, das zwar in den USA, nicht aber in Cuba eine strafbare Handlung darstellte, auch wenn die Geschäftsverträge mit Leuten gemacht werden mus-

sten, die in der Welt des Verbrechens berühmt waren. Erst Ende 1933
wurde die Prohibition aufgehoben. Genügend Zeit also, um Mafiosi in
ehrenwerte Geschäftsleute zu verwandeln. Die Millionen der Cosa
Nostra belebten die US-Wirtschaft und hinterließen auf ihrem Weg viele
wohltätige Gaben in den Händen nicht weniger kirchlicher und politischer Würdenträger oder Polizeichefs.[7] Im selben Jahr erhielt Lansky
von der cubanischen Regierung für seine »Organisation« das Exklusiv-
recht zum Betrieb von Spielkasinos. Damit gelang es der Cosa Nostra,
»erstmalig in der Karibik Fuß zu fassen, und wenig später geschah das
gleiche in Nassau«, erzählte der Chef der Chefs, Lucky Luciano.[8]

»Die goldene Ära der Cocktails«

Aber was sagt der Multi heute dazu? Was bedeutete die Prohibition für
seine Aktionäre und Vorstandsmitglieder?

»Im neuen Jahrhundert wuchs die Gesellschaft schnell. Zwischen
1912 und 1919 stieg der Verkauf stark an. Im Jahre 1920, als es in den
USA zur Prohibition kam, war dies etwas, das Bacardi eigentlich einen
Schlag hätte versetzen müssen. Aber das Unternehmen verstand es,
seinen Nutzen daraus zu ziehen. Als während der Prohibition alle bekannten alkoholischen Getränke vom US-Markt verbannt waren, wurde Cuba wegen seiner Nähe zu diesem Land zum beliebtesten Touristen-
ziel. Wenn die Besucher am Flughafen von Havanna ankamen, wurden
sie dort in einer Bar empfangen, die kostenlos Cocktails mit Bacardi
Rum verteilte.

Während ihres Aufenthaltes in Cuba genossen sie dieses Getränk
dann weiter. Diese Zeit sollte später als ›die goldene Ära der Cocktails‹
bekannt werden. Die Touristen kehrten mit glücklichen Erinnerungen
an die Tropen und dem Geschmack von Bacardi Rum im Mund nach
Hause zurück. Und obwohl der Verkauf in den Vereinigten Staaten in
jener Zeit nicht gestattet war, fanden die begeisterten und erfindungsrei-
chen Konsumenten Mittel und Wege, die gesetzlichen Beschränkungen
zu umgehen und Bacardi Rum auf den Markt zu bringen.«[9]

Vergessen wir nicht, dass die Prohibition nicht nur die Taschen der

Cosa Nostra mit Dollars füllte. Als sie aufgehoben wurde, belegten die offiziellen Zahlen, dass gerade jene Unternehmen im Verkauf zulegen konnten, die direkt oder indirekt, aber sicher immer wissentlich am Schmuggel beteiligt gewesen waren. Ironischerweise waren nämlich sie es, die sich schon eines hohen Bekanntheitsgrades erfreuten. Dazu gehörte auch Bacardi, das gleich im ersten Jahr 80.000 Kisten in die USA verkaufte.[10] Wenn das Bacardi-Unternehmen nicht die Unterstützung derer erhalten hätte, die die Verteilung des Alkohols während der Prohibition organisiert hatten, also der Mafia, wer sollte dann dafür gesorgt haben, dass so schnell eine Million Flaschen auf einem Markt abgesetzt werden konnten, der fast vierzehn Jahre lang verschlossen gewesen war? Man kann kaum glauben, dass es die Touristen gewesen sein sollen.

Geschäfte gehen über alles

Der cubanische Wissenschaftler und Ökonom Jacinto Torras brachte Mitte der 40er Jahre des Jahrhunderts vor, dass die Verlegung der Abfüllanlagen bzw. der Destillationsfabriken von Bacardi Rum nach Mexiko, Puerto Rico und den Virgin Islands Cubas »nationaler Wirtschaft großen Schaden zufügte«. Insbesondere galt dies für die in Puerto Rico errichtete Anlage. Aber für die Aktionäre war das eine absolut logische Vorgehensweise: Der Rum, der dort hergestellt wurde, konnte auf dem US-Markt vertrieben werden, ohne dass dafür Zoll bezahlt werden musste, war Puerto Rico doch eine Halbkolonie der USA.

Torras drückt dies folgendermaßen aus: »Um seine Marktinteressen zu verteidigen, spricht Bacardi sehr oft von ›seinem cubanismo‹, seinem Kubanertum. Es ist ein ganz spezieller Cubanismo – in Pesos und Centavos aufgewogen, voller Hass und den Interessen der Bevölkerung verschlossen (...). Von Don Emilio Bacardi und seinem tiefen cubanischen Patriotismus hin zu den rein kommerziellen und merkantilen Interessen des gegenwärtigen Unternehmens Bacardi, das durch seine Praktiken die saubere und cubanische Geschichte von Don Emilio verleugnet (...).

Die cubanische Handelsmarke, die in Cuba geboren war und dort
ihren Ruf erworben hatte, wurde nach Puerto Rico und den Virgin Islands geschafft, aber auf den Märkten des Nordens weiterhin als cubanisch verkauft. Diese Verpflanzung bedeutete für Cuba den Absturz
seines Rum-Exports auf dem nordamerikanischen Markt.

Die Arbeitsplätze, die Steuern für den Fiskus, die Bedeutung der
Industrie für die nationale Wirtschaft, die Gefühle für Cuba, die bei der
Firma existiert haben mögen – all das war kein Hindernis für diese
Emigration auf der Suche nach ein paar Dollar mehr (...).«[11]

Nun gut, es waren ein paar Millionen und nicht nur ein paar Dollar
mehr.

Bacardi setzt seinen Weg fort

Kurze Zeit später kommt Torras wieder auf das expansionistische Modell der Bacardi-Gesellschaft zu sprechen und beweist, wie sie sich jeden
Tag mehr von den cubanischen Interessen entfernt.

»Aus Anlass einer gewissen öffentlichen Polemik, die zu dieser Zeit
entsteht, greift Bacardi wieder zur Lüge, um die Verlegung seiner Fabriken ins Ausland zu rechtfertigen. Das Unternehmen hat behauptet,
Bacardi habe nie aufgehört, den Absatz seines cubanischen Rums in den
Vereinigten Staaten zu stützen, doch die Statistiken sprechen eine andere
Sprache. Sie besagen, dass die Verlegung von Bacardi dazu geführt hat,
dass der cubanische Rum seine Vormachtstellung unter den durch die
USA importierten Rumsorten an Puerto Rico verloren hat. Der Beweis
liegt auf der Hand. Hier sind die Statistiken für den Import von Rum in
die Vereinigten Staaten von 1935 bis 1940, die belegen, dass Cuba seine
Position bei den Rum-Importen in die USA Schritt für Schritt verloren
hat (...).«[12]

Anhand von offiziellen Daten des US-Handelsministeriums zeigt
diese Untersuchung auch, dass der Import von cubanischem Rum in die
Vereinigten Staaten, der 1935 noch 52 % ausgemacht hatte, 1940 auf 7,3
% gefallen war. »Im gleichen Zeitraum erhöhte Puerto Rico den Anteil
des dort hergestellten Rums auf dem amerikanischen Importmarkt von

14 % im Jahre 1935 auf 64 % im Jahr 1940, und die Virgin Islands steigerten ihren Anteil von 10,2 % im Jahr 1935 auf 17,2 % im Jahr 1940 (...).«

Die offizielle Geschichtsschreibung des transnationalen Konzerns gibt zu, dass zu Beginn der 40er Jahre mehr Geschäfte in Mexiko und Puerto Rico gemacht wurden als in Cuba.[13]

Pepín Bosch weitet die Geschäfte aus

José Bosch, besser bekannt als Pepín, kommt zum Bacardi Clan durch seine Ehe mit der Tocher von Enrique Schueg, einem der größten Aktionäre. Die Prohibition in den Vereinigten Staaten dauerte an. Pepín zeichnet sich durch seine machiavellistischen Eigenschaften und seine Skrupellosigkeit bei Geschäften aus und wird schnell in die Chefetage des Unternehmens aufgenommen. Er eröffnet 1943 wieder das Büro in New York, was es dem Unternehmen ermöglicht, von der Nachkriegszeit zu profitieren und seine Ware in das verwüstete Europa einzuführen, als wäre sie Teil des Marshallplans. In Belgien, der Schweiz, Holland, Frankreich, Norwegen, Finnland, Dänemark etc. wurden Vertriebsstellen errichtet. Der Umstand, dass der Konzern seinen Rum in der US-Halbkolonie Puerto Rico produzierte, erlaubte es ihm, überall dort hinzugehen, wo der große Sieger dieses Krieges hingeht: Seine Tentakel reichen vom Libanon bis nach Korea.

1957 gründet das Unternehmen in Mexiko eine weitere Destillierungsanlage mit einer Kapazität von 28.000 Litern. Im darauf folgenden Jahr wird eine neue Fabrik in Puerto Rico eingeweiht, die die Produktion auf 75.000 Liter täglich verdoppelt. 1959 eröffnet Bacardi unter der Diktatur von Francisco Franco eine Destillierungsanlage in Spanien. 1960 beginnt man im brasilianischen Recife mit dem Bau einer Produktionsfabrik, während in Mexiko und Philadelphia ...

Zwei schlichte Anekdoten über Pepín und Co.:

1. Pepín Hernández, der heutige Direktor des Rum-Museums von Santiago de Cuba, erzählt, dass Pepín Bosch in den 50er Jahren im Namen des Unternehmens den Arbeitern vorschlug, sie sollten Teilhaber einer neuen Gesellschaft werden. Ihre Gewinne seien gesichert, wenn sie

Aktien der »Minera Occidental« zu je zehn Pesos kaufen würden. Aber Bacardi hatte diesen Schurkenstreich sehr gut geplant. Da das neu zu schaffende Unternehmen angeblich Arbeitsplätze schaffen würde, wurde es gesetzlich von der Einfuhrsteuer auf Material und Maschinen befreit. Minera Occidental hob ein paar Meter Tunnel aus und erklärte sich dann für bankrott. Zu diesem Zeitpunkt war der Löwenanteil der importierten Maschinen bereits an den Rumproduzenten »verkauft« worden. Es stimmt schon, dass es ein Lieblingssport der großen Kapitalgesellschaften ist, sich üble Tricks auszudenken, um Steuern zu hinterziehen oder Gewinne jedweder Art zu ergattern. In diesem Fall besteht die Gaunerei darin, dass Bacardi das Geld der Arbeiter behielt, die seinen Sirenengesängen vertraut hatten: eine Summe, die im Vergleich zum Kapital des Rum-Konzerns wie ein Tropfen im Ozean war. Nach dem Tod seines Vaters versuchte Hernández mit dessen Zertifikat dieser Transaktionen, das von Pepín Bosch selbst unterschrieben worden war, den Gegenwert zurückzufordern. Der starke Mann des reichen Bacardi-Konzerns gab ihm eine ernüchternde Antwort: Er zeigte Hernández ein von dessen Vater unterschriebenes Papier, aus dem hervorging, dass dieser Pepín Bosch als Erben eingesetzt hatte.

2. Im Februar 1954 verschwand das Kind Facundo Bacardi Bravo. Waren auch die Mitglieder der Familie Bacardi beim einfachen Volk schon nicht mehr so besonders angesehen, so waren sie doch noch immer ein wichtiger Teil der Gesellschaft Santiagos. Daher schlug die Nachricht wie eine Bombe ein. Für die Bacardis war nun der Augenblick gekommen, um einen Teil ihrer Macht zu zeigen und zu demonstrieren, wie weit ihre Beziehungen zur US-Regierung reichten.

Der Presse war seinerzeit zu entnehmen, dass bereits wenige Stunden nach dem Verschwinden des Kindes ein Aufklärungshubschrauber eintraf, nachdem Pepín mit dem US-Konsul gesprochen hatte. Er war in der Militärbasis Guantánamo, dem cubanischen Territorium also, das die Vereinigten Staaten besetzt haben, gestartet, nachdem Pepín mit dem US-Konsul gesprochen hatte. Fast gleichzeitig landete eine Sondermaschine aus Florida mit einem Ermittler des FBI an Bord. Die Suche begann und man fand schnell heraus, dass die Verantwortlichen für diese Tat zwei Jugendliche waren, die bei den Bacardis arbeiteten. Noch bevor zwölf

Stunden vergangen waren, wurde das Kind gesund und munter wieder-gefunden. Den ersten Verlautbarungen der Polizei zufolge starben die beiden Entführer bei einer bewaffneten Auseinandersetzung mit den Ordnungskräften. Erst nachträglich wurde bekannt, dass beide unbe-waffnet gewesen waren und man sie kaltblütig ermordet hatte.

»Das Imperium von Havanna«

Nach dem Ende der Prohibition hatte der zweite Boss der US-Mafia, Meyer Lansky, damit begonnen, in Cuba das ganze Potenzial, das sich in der Zeit des Rumschmuggels angesammelt hatte, zu ordnen. Mit Zustimmung der einheimischen Bourgeoisie, die ehrfürchtig dabei zu-schaute, wie er in seinen Dollars badete, baute er *das Imperium von Ha-vanna* auf. Obwohl verschiedene hohe Verantwortliche der US-Sicher-heitsbehörden hohe Investitionen in Cuba hatten, verwandelte sich die Insel in das Zentrum des Drogenhandels, der Geldwäsche, des Glück-spiels und der Prostitution des ganzen amerikanischen Kontinents.[14]

Die Cosa Nostra regierte in Cuba, als Pepín Bosch unter dem Prä-sidenten Carlos Prío Socarrás (1948-1952) das Finanzministerium über-nahm. Diese Regierung zeichnete sich besonders dadurch aus, dass unter ihr »die Korruption und das politische Banditentum in die Kategorie einer offiziell anerkannten Praxis aufstiegen«.[15] Aus diesem Grund konn-te Lansky für Pepín kein Unbekannter sein. Der Boss hatte einen derart großen Einfluss in Cuba, dass »von den 30er Jahren an bis 1958 kein größeres politisches Ereignis und kein Geschäft stattgefunden hat, ohne dass seine Hand oder seine Gefälligkeit im Spiel gewesen wären, ob er nun im Geheimen handelte oder über Strohmänner als Mitwirkender oder Berater eingriff«.[16]

Die Ausgaben des cubanischen Staates flossen im Übermaß, als sie von der Person verwaltet wurden, die gleichzeitig Präsident von Bacar-di war. Es ist sicher keine Verleumdung, wenn man davon ausgeht, dass sich ein solches Finanzgebaren dem »kleinen Anschub« verdankte, den die ganzen schmutzigen Vermögen und die Millionen Dollar der Mafia nach Cuba brachten.

Kapitel 3
Bacardi geht, bevor die Revolution kommt

Bacardi geht auf die Bahamas

1952 unternahm Fulgencio Batista einen Staatsstreich gegen Prío Socarrás. Diese Tat konnte sicher auf das unerlässliche Wohlwollen der Mafia und der Regierung der Vereinigten Staaten zählen, die in ihm den Mann sahen, der in der Lage sein würde, die bürgerlichen politischen Kräfte zu einigen, die sich um den Regierungskuchen stritten. Die Unterstützung Washingtons für Batista hielt fast sechs Jahre lang an, trotz wiederholter offizieller Berichte, die Cuba als Weltzentrum des Verbrechens ausmachten, Heroin- und Kokainhandel inklusive. Wenn auch gewisse Mitglieder des Bacardi-Clans – wie Pepín Bosch – der Regierung Prío angehört hatten, so schädigte der Staatsstreich die Rumgesellschaft doch in keiner Weise. Die Millionengeschäfte kamen nicht zum Stillstand, wenn den Bacardis 1957 auch scheinbar ein kleines Missgeschick passierte. Eine bewaffnete Gruppe von Studenten versuchte ohne Erfolg, in Havanna den Präsidentenpalast zu stürmen. Viele der jungen Leute, die nicht bei dieser Operation ums Leben kamen, wurden in den darauf folgenden Tagen grausam ermordet. Wie es schien, war José *Pepín* Bosch mit dieser Welle der Gewalt, die von Batista befohlen worden war, in keiner Weise einverstanden und verließ das Land aus Angst vor Repressionen des Diktators.[17]

In Wirklichkeit war das Manöver nur ein Vorwand, und der Bacardi-Chef kehrte auch bald schon mit einem Koffer ganz besonderer und wertvoller Dokumente zurück. Aus diesen ging hervor, dass die Gesellschaft Bacardi zwar einst in Santiago de Cuba gegründet worden, ihre Markenbezeichnung jetzt aber weltweit auf den Bahamas eingetragen sei.

Warum aber ließen sie sich auf den Bahamas nieder, dem ausgesuchten Steuerparadies für flüchtiges und unrechtmäßig erworbenes Kapital?

Musste Bacardi etwa seine Ausgaben und Transaktionen vor einer Finanzbehörde verschleiern?

Diese Verlegung der Gerichtsbarkeit zeigt, dass die Gesellschaft Bacardi Cuba verlassen wollte, hatte sie doch bereits »ihren wertvollsten Besitz, die Markenbezeichnung, an einen sicheren Ort« gebracht.[18] Cuba war weiterhin der Ort, an dem diese Melasse von hoher Qualität produziert wurde, aus der sie ihren Rum gewann; auch war der Vorteil nicht gering zu schätzen, dass sie dort ihre wichtigste Destillieranlage hatte – als Marketing-Image für den Verkauf, galt Cuba doch weltweit als Synonym für guten Rum. Schön und gut, das war es nicht allein, in Cuba befanden sich auch die familiären Wurzeln.

Das alles geschah, bevor Fidel Castro 1959 die Macht übernahm und vor der Nationalisierung des Unternehmens 1960.

Aus einer der Geschichten, die der Multi erzählt, geht hervor, dass er seinen Weggang aus Cuba bereits Ende der 20er Jahre zu planen begonnen und deswegen die Fabriken in Mexiko und Puerto Rico gebaut habe. Dies geschah nicht nur, um der Entrichtung von Steuern in Cuba zu vermeiden, sondern auch wegen der politischen Instabilität, die die Insel durchlebte. Was für ein Zufall: Bacardi beginnt genau in dem Moment von Instabilität zu reden, als die Vereinigten Staaten ins Auge fassen, den Protektoratsstatus Cubas aufzuheben, nämlich Anfang der 30er Jahre.[19] Die Bacardi-Aktionäre gaben damit zu verstehen, dass ihre Landsleute, auf sich allein gestellt, nicht in der Lage wären, ihr Schicksal selbst zu bestimmen.

Eine Revolution, nicht vereinbar mit Bacardi

Man könnte viele Dinge anführen, die die Leitung Bacardis unternahm, um die Gunst derer zu erlangen, die die cubanische Politik bestimmten, also der US-Regierung, ihrer Geheimdienste und der Mafia. In der zweiten Dezemberhälfte 1958 besuchte der US-Botschafter Earl Smith den Diktator Batista, um ihm zum wiederholten Male mitzuteilen, er solle die Macht abgeben und das Land verlassen. Vorher solle er allerdings eine Junta einsetzen, deren Aufgabe es wäre, Wahlen vorzubereiten. Smith hatte sogar schon die Namensliste der Auserwählten bei sich. Einer davon war Pepín Bosch.[20] Es war bereits offensichtlich, dass der Revolutionsprozess nicht mehr aufzuhalten war, und die Vereinigten Staaten dachten, der Weggang Batistas könne dazu betragen, das Feuer einzudämmen.

Am 1. Januar 1959 flieht der Diktator, und die Guerillaführung übernimmt die Macht. Die Chefs von Bacardi, die diesen Kampf finanziell unterstützt hatten, weil sie der Überzeugung waren, er habe nur den Sturz der Batista-Diktatur zum Ziel, ließen ein Riesentransparent an der Fassade ihres Gebäudes in Havanna entrollen, auf dem nur zwei Worte standen: »Danke, Fidel«.[21] Wie auch andere Mitglieder der nationalen Bourgeoisie waren sie sicher, nationale und ausländische Nebenbuhler verdrängen zu können, wenn sie das neue Regime unterstützten. Sie glaubten, dass die Revolutionäre einige laue soziale, ökonomische und politische Reformen durchführen würden, ohne jedoch ihre Privilegien anzutasten.

Ein Abtrünniger der Revolution veröffentlichte seine Version verschiedener Vorfälle in jenen ersten Jahren des Triumphes. In einem Abschnitt heißt es:

»Seine (Fidel Castros) erste Reise in die Vereinigten Staaten im April 1959 wird ein Meisterwerk der politischen Intelligenz, welches die Nordamerikaner überraschen und es Fidel Castro erlauben wird, Zeit und Prestige in den USA, in Lateinamerika und in Cuba zu gewinnen.

Ihn begleitet eine hochrangige Wirtschaftsdelegation aus Personen, die großes Ansehen in den Vereinigten Staaten genießen: Felipe Pazos, Präsident der Nationalbank (...); Pepín Bosch und Daniel Bacardi von der angesehenen Rumfirma; illustre Repräsentanten der cubanischen Industrie (...).«[22]

Einen Monat später, im Mai, während die ersten Maßnahmen zu einer groß angelegten Agrarreform getroffen wurden, bemerkten die cubanische Bourgeoisie, die Regierung der Vereinigten Staaten und die Mafia, dass die Versprechen, die Fidel Castro und seine Bärtigen dem Volk gemacht hatten, erfüllt werden würden und dass die anstehenden Umwälzungen ihren Interessen, Privilegien und Träumen völlig zuwiderliefen. Das wurde in Washington als Kampfansage verstanden, und

Präsident Eisenhower befahl seinen Streitkräften, sich auf Krieg vorzubereiten. Die »Opfer« applaudierten dieser Entscheidung, die sie so er-
hofft hatten.

Die Nationalisierungen waren kein Spiel

Am 6. Juli 1960 wurde in Cuba das Gesetz Nr. 851 erlassen, das den
Präsidenten und den Premierminister ermächtigte, nationales und aus-
ländisches Eigentum zu verstaatlichen, wenn sie es zum Schutz des nationalen Interesses für angemessen hielten. Die Vereinigten Staaten antworteten darauf mit verstärkten terroristischen Angriffen und beschleu-
nigten gleichzeitig die Vorbereitung zur Invasion in der Schweinebucht.

    Die Vereinigten Staaten machten nie von Artikel 5 des Gesetzes Nr.
851 Gebrauch. Dieser begründete ganz klar das Recht der Enteigneten
auf eine wirtschaftliche Entschädigung. Zu diesem Zweck wurden die
Bonos de la Republica geschaffen, zahlbar innerhalb von 30 Jahren inklusive Zinsen, wofür ein Sonderfonds bei der Nationalbank eingerichtet
wurde. Es war dies ein Fonds, den es aufzufüllen galt, waren doch die
Schatztruhen der Nation leergeräumt und ihr Inhalt in die USA ver-
bracht worden, und zwar hauptsächlich von jenen, die sich nun über die
Enteignungen beklagten. Das Gesetz präzisierte, dass dieser Sonderfonds
sich zu 25 % aus Gewinnen aus dem Verkauf cubanischen Zuckers an die
USA speisen sollte. Dies durchzuführen erwies sich allerdings als unmöglich, weil die Vereinigten Staaten noch im gleichen Monat Juli den Kauf
dieses Produktes einstellten. Die Situation verschärfte sich noch, als
Präsident Kennedy am 7. Februar 1962 eine offizielle Wirtschafts-, Han-
dels- und Finanzblockade über die Insel verhängte.

    Im gleichen Monat wurde auch die Verstaatlichung des Unterneh-
mens Bacardi gesetzlich verordnet. Niemand kümmerte sich um das
Angebot der Revolutionsregierung, das sich zudem noch im Rahmen
internationaler Verträge bewegte.[23] Man glaubte, es wäre nur eine Frage von Wochen, Monaten oder höchstens einem Jahr, bis alles wieder so
wäre wie früher. Keiner konnte sich vorstellen, dass eine Regierung
gegen die Interessen der USA lange Zeit überleben könnte.

Jahre später beschlossen private oder staatliche Unternehmen aus Ländern wie Frankreich, Mexiko, der Schweiz, Großbritannien und Kanada, nicht länger zu warten, und akzeptierten eine Übereinkunft mit der cubanischen Regierung.

Die Revolution begünstigte Bacardi

Als das Unternehmen und andere Besitztümer des Bacardi-Clans verstaatlicht wurden, war ein großer Teil des Kapitals und des Vermögens bereits in anderen Ländern, darunter vor allem die Markenbezeichnung. So führte die Maßnahme der revolutionären Regierung nur dazu, dass man der komplexen Struktur, die bereits auf internationaler Ebene existierte, einige technische Details mehr hinzufügte.

Juan Prado, der in Havanna für den Verkauf zuständig war, spielte bei dieser Anpassung eine wichtige Rolle, als er den ausländischen Käufern verkündete, sie müssten »zwischen Geschäften mit Castro oder Bacardi wählen«. Und wer auch immer Geschäfte mit dem »kommunistischen Cuba« mache, »wäre nicht willkommen«.[24]

Während man diese Art von Drohungen gegen Kunden und potenzielle Käufer aussprach, richtete man 1968 in Nassau eine Destillieranlage ein. Das gab Bacardi dort den Status eines einheimischen Unternehmens und eröffnete ihm Märkte in den Ländern, die dem Commonwealth angehörten. Dies schloss noch andere Möglichkeiten ein, wie zum Beispiel die, in den britischen Kolonien und Protektoraten der Karibik billig Zuckerrohr zu kaufen.

Prado und andere Führungspersönlichkeiten des Konzerns haben zugegeben, dass die Tatsache, »aus Cuba hinausgeworfen worden zu sein, verantwortlich ist für den Erfolg von Bacardi als Multi«. »Cuba verlassen zu haben, ermöglichte es der Gesellschaft, weniger eingeschränkt zu agieren, und erweiterte ihren Zugang zu den Weltmärkten weit über die Vereinigten Staaten und Lateinamerika hinaus.«[25]

»Die reformierte Gesellschaft, die daraus hervorging, war kein cubanisches Unternehmen mehr. Das Exil machte sie schon lange vor der Ära der multinationalen Konzerne zu einer Gesellschaft ohne Nationalität.«[26]

Kapitel 4
Die CIA, der Unternehmenschef und die Terroristen

Der Unternehmenschef und sein Bomber

In der zweiten Hälfte der Sechziger beschloss der oberste Chef der Bacardi-Gesellschaft, die kurz zuvor verstaatlichten Ölraffinerien zu bom-
bardieren. José *Pepín* Bosch war sich sicher, dass, »ein nationaler Aufstand entstehe«,[27] wenn man Cuba in ein Trümmerfeld verwandle. Der
Plan stammte nicht von ihm. Cubanische Söldner der CIA hatten
schon vom Januar 1959 an, unmittelbar nach dem Sieg der Revolution,
versucht, solche Angriffe zu fliegen.

Pepín kaufte eine alte B 26 und, wie der Zufall es wollte, war dies
auch der Flugzeugtyp, den die Luftstreitkräfte der CIA bei ihren Angriffen auf Cuba bevorzugt verwendeten. Der Bacardi-Chef flog mit seinem
Flugzeug bis Costa Rica, um von dort aus seinen terroristischen Plan in
die Tat umzusetzen. Dies war übrigens eines der Länder, das die CIA und
ihre Söldner als Trampolin für ihre Überfälle benutzten. Dem Flugzeug
fehlten noch die Raketen, weswegen Pepín nach Venezuela reiste, um sie
zu besorgen. Ohne Erfolg. Aber es scheint, dass die brasilianische Diktatur ihm zwei überließ, »die jedoch keinen besonderen Schrecken ein-
jagten«. Alles war vorbereitet, dass ein waghalsiger Söldner die Motoren
anwerfen konnte, um sich aufzumachen, Erdöl und Menschen in Brand
zu setzen. Pepín würde bleiben und auf die Resultate warten. Zum Glück
wurden die Bombardierungspläne rechtzeitig verraten: »Eines Morgens
war eben dieses Flugzeug auf der zweiten Seite der *New York Times* abge-
bildet.« Angesichts des Skandals bat die Regierung in San José darum,
den Bomber aus dem Land zu entfernen, und so blieb der Plan nichts als
ein Kurzstreckenabenteuer.

Kurz war auch die Fahrt eines Schiffes, das Bosch den Mitgliedern
des *Movimiento Demócrata Cristiano* geschenkt hatte, die damit in den ersten

Apriltagen 1961 Cuba infiltrieren wollten,[28] und zwar gerade zwei Wochen, bevor die Vereinigten Staaten vorhatten, mit der Brigade 2506 von der Schweinebucht aus in die Insel einzufallen. José Ignacio Rasco, der sich auf dem geschenkten Boot befand, gehörte zu denen, die die CIA auserwählt hatte, dem politischen Apparat vorzustehen, der als Fassade diente und die Regierung übernommen hätte, falls die Besetzung erfolgreich verlaufen wäre.

Kennedy und die ›Waisenkinder‹[29]

Nach dem Fiasko und der Demütigung, die seine Brigade 2506 erlitten hatte, beschloss Kennedy, eine weitere Invasion vorzubereiten. Dieses Mal überzeugender und, wenn nötig, ohne einen Stein auf dem anderen zu lassen. Er gab grünes Licht für eine integrierte Operation, die den militärischen Aspekt, den Terrorismus innerhalb Cubas, die Lähmung der Wirtschaft und die politische Arbeit, die die Revolution auf internationaler Ebene isolieren sollte, in sich vereinte. Wie der Regierungschef im November 1961 ausführte, musste man den Cubanern helfen, »das kommunistische Regime« zu stürzen und eine USA-freundliche Regierung einzusetzen, mit der die Vereinigten Staaten »in Frieden leben könnten«.

Angesichts solcher Bedrohung klopfte die Regierung in Havanna an die Tür des einzigen Landes, das bereit war, ihr schwere Waffen zu liefern: die Sowjetunion. Im Oktober 1962 verlautbarten die Vereinigten Staaten, dass in Cuba Nuklearwaffen installiert würden, was in der allseits bekannten Raketenkrise gipfelte. Es heißt, man habe sich am Rande eines Konfliktes von apokalyptischen Ausmaßen befunden. Die Großmächte regelten das Problem unter sich und die Sowjets erwirkten die Verpflichtung der USA, nicht in Cuba einzufallen. Deshalb mussten die USA ihre Planungen neu gestalten. Aber alles ging weiter wie bisher und auch der Gedanke an eine Invasion wurde trotz der Vereinbarungen nicht aufgegeben. Man musste jetzt nur den Anschein erwecken, als wären die Exilcubaner bei ihrem Kampf um die Befreiung ihrer Heimat von den USA allein gelassene »Waisenkinder«.

Pepín Bosch bereitet die zweite Invasion vor

Zur gleichen Zeit kam Pepín Bosch auf die Idee, die Konterrevolution zu organisieren, um einen zweiten Versuch zur Invasion in Cuba vorzubereiten. Seiner Vorstellung nach sollte sich »eine Gruppe weißer Raben zusammenfinden, Prominente aus der Zeit der cubanischen Republik. Sie sollten sich einer Abstimmung unterwerfen, um weltweit als Vertretung des Exils anerkannt zu werden, und (diese Personen) hätten dann ein Mandat, um Vorstöße zugunsten von Cubas Freiheit zu unternehmen (...).«[30] Seltsamerweise war die Regierung der Vereinigten Staaten über diese Absicht auf dem Laufenden, wie aus einem Memorandum des Nationalen Sicherheitsrates (NSC) hervorgeht.[31]

Es dauerte dann auch nicht lange, bis Bosch die fünf weißen Raben gefunden hatte, um seine Pläne zu verwirklichen. Es heißt, dass sich 64.000 Familien in den USA, Europa bis hin nach Australien und Hongkong für die Wahl anmeldeten und 90 % davon für das von Pepín ausgewählte Quintett stimmten. So kam es, dass 1964 die Representación Cubana en el Exilio (RECE) in Miami ins Leben gerufen wurde.

Fast ein Jahr zuvor war der Sitz von Bacardi in den Vereinigten Staaten von New York nach Miami verlegt worden.

Zum militärischen Chef der Representación Cubana en el Exilio wurde der Ex-Offizier des Batista-Heeres Erneido Oliva ernannt. Als Vertrauensmann der CIA war er zweiter Befehlshaber der Söldnerbrigade 2506 gewesen. Und was für ein Zufall: Als er aufgefordert wurde, in der RECE mitzuarbeiten, hatte er sich schon acht Monate lang für die zweite Invasion vorbereitet. Die Ausbildung leistete er in Fort Benning ab, einer CIA-Basis, die besonders auf Propaganda-Kurse, verdeckte Aktionen, Kommunikation, Spionage und geheime Operationen spezialisiert ist. Der verantwortliche Politiker der RECE war der Rechtsanwalt Ernesto Freire. Als die US-Regierung mit der cubanischen Regierung über die Freilassung von mehr als tausend während der Invasion in der Schweinebucht gefangen genommenen Söldnern verhandeln musste, bestimmte sie William Donovan zum Verhandlungschef und Freire zu dessen rechter Hand.[32] Donovan konnte sich rühmen, einer der wichtigsten Organisatoren der US-Geheimdienste zu sein.

Auch wenn er nicht zu den Auserwählten des von Bosch initiierten Referendums gehörte, so tat sich als PR-Verantwortlicher schnell der bis dato noch fast unbekannte Studentenführer der Christdemokratischen Bewegung, Jorge Mas Canosa, hervor. Nachdem er als Söldner der Invasionsbrigade angehört hatte, allerdings ohne an Land gegangen zu sein oder gekämpft zu haben, wurde er doch ausgewählt, nach Fort Benning zu gehen, wo er auf die RECE stieß und ihr beitrat. Ein weiterer Söldner der Brigade 2506, Tony Calatayud, der ebenfalls für die RECE nicht zur Wahl gestanden hatte, verwandelte sich in einen herausragenden paramilitärischen und terroristischen Aktivisten.

Und dieser ganze »demokratische Akt«, wie der Bacardi-Chef die von ihm vorbereitete Konstituierung der Exilvertretung nannte, löste sich in Wohlgefallen auf, als Canosa und Calatayud mit Freire an ihrer Seite schließlich die Führung der Representación Cubana en el Exilio übernahmen, um aus ihr »eine der stärksten Gruppen der Epoche« zu machen.[33]

Bacardi und die CIA geben Geld

Bei dem, was die RECE vorhatte, war es schlicht unmöglich, ohne Zustimmung der CIA zu agieren. Auf Anordnung des Präsidenten nahm die Agency die Verantwortung in ihre Hände, die Fäden des konterrevolutionären Netzes zu spinnen und zu kontrollieren.

Es heißt, die Representación Cubana en el Exilio habe sich aus eigenen Mitteln finanziert: »Bacardi gab der Organisation 10.000 Dollar monatlich und bezahlte jedem der fünf Leiter 600 Dollar im Monat; darin bestand im Wesentlichen ihre Finanzierungsquelle (...).«[34] Es ist schwer zu glauben, dass eine Organisation mit einem derart großen Bedarf an Menschen und Material, um Sabotage und terroristische Aktionen durchführen zu können, »im Wesentlichen« von 10.000 Dollar im Monat überleben kann.

Es ist kaum zu verkennen, dass andere Formen der Subventionierung gesucht wurden. Man benutzte zum Beispiel alle Kommunikationsmedien in Miami und anderen Städten, die in Reichweite lagen, um sich an das Exil zu wenden. Man kündigte an, dass die RECE dabei sei, eine neue Invasion vorzubereiten, wozu ihr allerdings noch das Geld fehle. Man präzisierte sogar, dass die bewaffnete Aktion »frühestens Ende 1964, auf jeden Fall aber vor dem 24. Februar 1965« stattfinden würde.[35] Viele Exilcubaner haben berichtet, dass durch diese Kampagnen die Dollars nur so regneten. Wie zu erwarten war, verkündete man kurze Zeit später, die Invasion werde verschoben, ohne jedoch zu erwähnen, dass das bis zum Sankt-Nimmerleins-Tag gelten würde. Wie ebenfalls berichtet wird, hatte sich das eingesammelte Geld in Luft aufgelöst. Zeugenaussagen belegen, dass es kurz darauf als Investition bei irgendwelchen persönlichen Geschäften der RECE-Führer wieder auftauchte.[36]

Es gibt aber auch vom Kongress überprüfte, offizielle US-Dokumente, aus denen hervorgeht, dass auch die CIA die RECE finanzierte. Außerdem übergab 1985 das FBI den Kongressmitgliedern ein freigegebenes Dokument. Darin wird dargestellt, wie die CIA-Nebenstelle in Miami der RECE das Geld für die Fortführung ihrer Aktionen zukommen ließ. In dem gleichen Bericht versichert das FBI, dass sowohl Canosa als auch Freire Männer der CIA seien.[37]

Ein anderes FBI-Memorandum enthüllt, dass die CIA Mas Canosa 5.000 Dollar zur Weitergabe an ein Mitglied der Representación Cubana en el Exilio überreichte. Dieses Geld war dazu gedacht, die Kosten für die Sabotage gegen ein cubanisches Schiff im mexikanischen Hafen Santa Cruz zu decken. Mit dieser Aktion beauftragt war Luis Posada Carriles, die ebenfalls in Fort Benning ausgebildet worden war und zu diesem Zeitpunkt bereits Sonderaufträge für die CIA ausführte.[38]

Für lange Zeit sollte Posada Operationschef der RECE sein, die ihm als Plattform dafür diente, sich in einen der blutigsten Terroristen der westlichen Hemisphäre zu verwandeln.

Der Plan zur Ermordung von Fidel, Raúl und des Che

Obwohl das Dokument dem Untersuchungsausschuss des Kongresses bereits 1975 bekannt war, erlaubte der Nationale Sicherheitsrat erst

1998 seine Veröffentlichung. Es war Teil der Untersuchungen, die der Kongress wegen der Ermordung Präsident Kennedys durchführte, betraf aber auch die Pläne der CIA, in perfekter Komplizenschaft mit der Welt des organisierten Verbrechens, insbesondere der Cosa Nostra und nicht weniger Exilcubaner, führende Politiker anderer Länder zu ermorden.[39] Das Begleitschreiben zu dem Bericht lautet wörtlich:

Zusammenfassend: Was besagt das Acht-Punkte-Dokument, das diesem Brief beigefügt war und dem CIA-Chef von Beamten übergeben wurde, die seinem Befehl unterstanden?

Dass Pepín Bosch sich angeboten hatte, 100.000 von den 150.000 Dollar, die die Cosa-Nostra-Leute für die Ermordung von Fidel und Raúl Castro und auch von Che Guevara verlangten, zur Verfügung zu stellen. Der »prominente Exilcubaner«, der Pepín die Sache vorgeschlagen hatte, sagte ihm auch, dass es nicht allzu schwierig sein würde, das Ziel zu erreichen, weil die damit beauftragten Personen aufgrund ihrer Geschäftsbeziehungen noch Kontakte nach Cuba hätten. Die Namen der daran beteiligten Personen blieben unbekannt: »Niemand wollte erfahren, wer in Cuba hinter diesen Plänen steckte, denn die Person, die in den Vereinigten Staaten dafür verantwortlich war, machte ganz deutlich, dass es sich dabei um Leute der Mafia handelte.« Das wusste auch Pepín sehr wohl. Wie aus dem gleichen Bericht hervorgeht, wurde am 25. April 1964 bestätigt, dass in Cuba alles zur Durchführung der Operation bereit sei. Die »guten Nachrichten« wären wohl für die Zeit zwischen dem 20. und 25. Mai des Jahres zu erwarten.

In Punkt 8 heißt es, ein anderer CIA-Informant habe gesagt, dass Pepín nur angeboten habe, 50.000 Dollar beizusteuern, die er hoffte »von der US-Regierung oder aus anderen Quellen wiederzubekommen«. Auf jeden Fall glaubte Bosch, wie dem Bericht an den CIA-Direktor weiter zu entnehmen ist, dass ein schneller Wandel in »der cubanischen Situation nur durch die physische Eliminierung Fidel Castros möglich sei und dass diese Eliminierung sicherlich 150.000 Dollar kosten werde (...)«.

Als wäre das noch nicht gravierend genug, bestätigt die Art, wie der Bericht endet, erneut, dass Pepín Beziehungen bis hin zu den höchsten Ebenen der CIA hatte und deren Schutz genoss. Das geht eindeutig aus dem Brief an Mr. Bundy hervor. Denn in seinem Bericht äußert sich der damalige CIA-Direktor Richard Helms, zugleich ein weiterer der Magnaten, die durch die Enteignungen in Cuba geschädigt worden waren: »Vermerk. Es wird darum gebeten, die CIA im Voraus über jede Aktion zu informieren, die gegen die in diesem Bericht erwähnten Personen ins Auge gefasst wird, bevor eine solche Aktion zur Ausführung kommt.«

Das Weiße Haus
Washington
15. Juni 1964

Memorandum für Mr. Bundy

Betrifft: Ermordung Castros

1. Beiliegend ein Memorandum der CIA, das eine Verschwörung zur Ermordung Castros beschreibt, an der auch US-Elemente der Mafia beteiligt wären und die von Pepín Bosch finanziert würde.
2. John Grimmins überprüft den Fall. Er hat vor, mit Alexis Johnson zu sprechen, und ist der Meinung, das Thema sollte bei einem Treffen der Special Group diskutiert werden. Persönlich vertritt John die Auffassung, dass die Regierung der Vereinigten Staaten nicht wissentlich eine kriminelle amerikanische Verstrickung dieser Art zulassen könne und alles ihr Mögliche unternehmen solle, diesem Komplott Einhalt zu gebieten. Das würde bedeuten, das FBI auf die beteiligten kriminellen US-amerikanischen Elemente anzusetzen und bei Bosch zu intervenieren.
Ich habe die Sache noch nicht ganz durchdacht und enthalte mich eines Urteils.

Gordon Chase

Einheit für den Terrorismus

Eine der schwierigsten Aufgaben, die die CIA zu bewältigen hatte, bestand darin, die konterrevolutionären Gruppen und Grüppchen, deren
Zahl sich auf fast 400 belief, zusammenzufassen, um sie besser unter
Kontrolle zu halten und ihre Planungen beeinflussen zu können. Vielleicht zufällig arbeiteten die Representación Cubana en el Exilio und
die Bacardis in dieselbe Richtung.

Die RECE schlug den anderen Gruppen vor, sich zu vereinen, ihre
Aktionen zu koordinieren und sich eine einheitliche Führung zu geben.
Die Autorität, die Pepín hatte, weil er die angesehene Handelsmarke
Bacardi verkörperte, vereinfachte die Sache. »Obwohl sich die Gruppen,
die Kommandooperationen im Exil durchführten, sehr vermehrt hatten,
begann die RECE 1965, deren vereinzelte Anstrengungen zu koordinieren und unter ihren Schirm zu stellen.«[40] Das galt auch für all jene Gruppen, die mit Sabotage und Terrorismus zu tun hatten, wie *Alpha 66*. Mit
ihnen unterhielt die RECE »ausgesprochen gute Beziehungen«, was dieser noch 1969 erlaubte, über Finanzierungsmöglichkeiten von deren
Aktivitäten zu diskutieren.[41] Seit dieser Aktionseinheit »fing plötzlich
eine Serie von Infiltrationen und bewaffneten Angriffen auf die Insel an,
die bis Ende des Jahrzehnts weiterging. Sie hatten Schiffe, Schnellboote
von 25, 26, 27 Fuß Länge (...)«.[42]

Ende der 70er Jahre schlug die Representación Cubana en el Exilio
vor, die Kommando-Operationen einzustellen, mit der Begründung, dass
alle ihre Männer entweder gefallen seien oder im Gefängnis säßen. Pepín
Bosch und seine Leute in der RECE stellten fest, dass sie »trotz aller
Ressourcen, die ihre Führer dank der ihnen von den USA gewährten
relativen Freiheit sammeln konnten, und trotz ihrer Kontakte nach Cuba
dem Feind nicht einmal einen Kratzer hatten zufügen können«.[43] Trotz
dieser Feststellung schickte die Leitung der »Representación«, jetzt schon
von Mas Canosa geführt, am 21. März 1969 einen Brief an Proctor
Jones, einen Assistenten von Senator Richard Russell, in dem es heißt,
dass die CIA »viel mehr tun könnte, um zu einer Erhebung im Innern
der Insel beizutragen, die zum Sturz Castros führen würde (...). Alles,
worum ich Sie bitte, ist eine logistische Unterstützung, um jenen in Cuba

zu helfen, die verzweifelt darauf warten, dass wir ihnen die Waffen geben, die sie brauchen.«[44] Es ist nicht bekannt, ob der Brief Wirkung erzielte. Sicher ist jedoch, dass am »12. März 1970, wie aus einem internen Memorandum hervorgeht, die Junta des Exekutivkomitees der Representación Cubana en el Exilio einen Kredit von 600.000 Dollar für bewaffnete Aktivitäten bewilligte«.[45] Aber woher kam bloß dieses ganze Geld?

Kapitel 5
Von der Gewalt zur Lobbyarbeit

Jesse Helms betritt die Bühne

Jesse Helms aus North Carolina kam 1972 für die Republikanische Partei in den Senat. Und wenn er in jenem Februar 1976 ein paar Sätze an einige Hundert euphorische cubanische Oppositionelle in Miami richtete, so geschah das, weil er schon damals politisch wie ein Reaktionär dachte. Richard Stone, ebenfalls republikanischer Senator, jedoch aus Florida, war ein weiterer Ehrengast dieser von der Representación Cubana en el Exilio organisierten Veranstaltung.

Aber sie waren nicht die einzigen Sterne, die an diesem Tag in eigenem Glanz erstrahlten. Auch William Buckley, der zu Beginn der 80er Jahre CIA-Chef im Libanon sein würde, fand sich dort ein; außerdem Generalleutnant Daniel Graham, der noch einen Monat zuvor Direktor des Intelligence-Service der US-Armee gewesen war. Graham arbeitete überdies in der »Heritage Foundation« mit, einer Organisation bzw. einem *think tank*, der 1973 gegründet worden war und in den Achtzigern zur Avantgarde konservativen Denkens wurde, das die USA beherrschte.[46] All diese Persönlichkeiten konnten nicht wie Manna vom Himmel auf die RECE gefallen sein. Auch ist nicht anzunehmen, dass, nur weil er Chef von Bacardi war, Pepín Bosch einfach nur einen Telefonanruf tätigen oder eine Einladung schreiben musste, um alle dort versammeln zu können. In Wirklichkeit verlief dieser Vorgang nach Art einer unauflöslichen Ehe. Denn von diesem Tag an hörten die Gäste der RECE nie mehr damit auf, Aktionen gegen Cuba zu realisieren oder zu unterstützen.

Von der brasilianischen zur chilenischen Diktatur

Obwohl die Representación Cubana en el Exilio und andere Gruppen in den 60er Jahren ihre Aktivitäten auf Kommando-Aktionen und terroristische Attentate konzentriert hatten, waren sie auf der Suche nach politischer Legitimität darauf aus, mit verschiedenen lateinamerikanischen Regierungen in Kontakt zu treten. Die RECE fixierte sich auf Brasilien, wo die Militärs 1964 mit Zustimmung und Unterstützung der US-Regierung den progressiven Präsidenten Joao Goulart gestürzt hatten. Pepín Bosch und die Führung der RECE waren der Auffassung, dass die Diktatur »sich aller politischer Wahrscheinlichkeit nach zu den Gegnern Castros hingezogen fühlen müsse«.[47]

Die brasilianische Diktatur eröffnete den Konterrevolutionären zwar einige Möglichkeiten, aber sie offiziell anzuerkennen war angesichts der Sympathien, die die neue cubanische Regierung bei einem großen Teil der internationalen Öffentlichkeit genoss, nicht einfach. Kein Land wagte es, dies öffentlich oder offiziell zu tun – mit einer Ausnahme, die wir schon kennen: den Vereinigten Staaten.

Noch schwieriger wurde es, als es im September 1973 zu einem Ereignis kam, das weltweit Widerhall fand. General Augusto Pinochet führte einen blutigen Staatsstreich gegen den demokratisch gewählten sozialistischen Präsidenten Salvador Allende durch. Wie allgemein bekannt, hatte Nixon angeordnet, den Sturz Allendes vorzubereiten, eine Aufgabe, die sein Außenminister und späterer Friedensnobelpreisträger Henry Kissinger übernahm. Wie schon in Brasilien ebneten auch hier die CIA, der Telefon-Multi ITT, die großen Informationsmedien, der von der AFL-CIO (dem US-Gewerkschaftsdachverband) beeinflusste Gewerkschaftssektor und die Christlich-Demokratische Partei den Weg zur Diktatur.

Die cubanischen Konterrevolutionäre feierten Pinochet. Die Vereinigung der Schweinebuchtveteranen zeichnete ihn mit der Freiheitsmedaille aus. Die Vereinigung hatte gute Gründe dafür, nicht nur, weil sie ideologisch mit Pinochet auf einer Linie lag, sondern auch, weil der Diktator versichert hatte, er würde die Dinge für Cuba in der OAS (Organisation Amerikanischer Staaten) schwieriger machen. Und um keinen Zweifel an seinen Absichten aufkommen zu lassen, ermöglichte er es bei deren Gipfeltreffen im November 1974 einer Gruppe von Exilcubanern, sich gegen die Wiederaufnahme Cubas in die Organisation auszusprechen, aus der es 1962 ausgeschlossen worden war.

Aber die Öffentlichkeit, die Pinochet bot, war nur eine eher bescheidene Gabe. Die Diktatur nahm »eine besondere Beziehung« zu verschiedenen Konterrevolutionären auf, bezog sie nicht nur als Berater in ihren repressiven Apparat ein, sondern stellte ihnen auch Waffen und Sprengstoff zur Verfügung und bot ihnen Ausbildungsmöglichkeiten und Unterschlupf.[48] Unter den genannten befand sich auch der Terrorist und CIA-Mann Orlando Bosch, der zwar keine familiären Beziehungen zu Pepín Bosch hatte, doch ebenso wie dieser an der Representación Cubana en el Exilio beteiligt war.[49]

Effizienz und Wirtschaftlichkeit des Terrorismus

Mit Anbruch der 70er Jahre richtete sich die internationale Aufmerksamkeit der US-Regierung auf den Vietnamkrieg, wo die Guerilla des Vietcong die mächtige US-Armee an den Rand der Niederlage brachte. Das hatte eine Verminderung der finanziellen und politischen Unterstützung Washingtons zur Folge, denn das ›cubanische Problem‹ konnte warten.

Mit Billigung der CIA kam es zu einer taktischen Umstellung: zum schlichten und reinen Terrorismus. Eine Handvoll Leute und weniger als 10.000 Dollar konnten effektiver sein als ein Kommandounternehmen.[50] Im April 1974 wurde bei einer Veranstaltung in New Jersey der Startschuss für den »Krieg auf den Straßen der Welt« gegeben. Federführend war dabei Tony Calatayud, Leiter der Representación Cubana en el Exilio. Es scheint, als sei der andere Führer der RECE, Mas Canosa, nicht anwesend gewesen. Trotzdem versicherte der Journalist David Poppe im November 1974 in der Zeitschrift *Florida Trend*: Canosa »steht weiter in Kontakt mit terroristischen Akteuren, die alle zusammengehalten werden durch ihre Treue zum Bündnis der JM/WAVE (...).« Letzteres ist der verschlüsselte Name für die CIA-Filiale in Miami, die von dem Spezialisten für verdeckte Operationen, Theodore Shackley, geleitet wurde.

Der »Krieg auf den Straßen der Welt« schlug sich in einem systematischen Anstieg von Bombenattentaten und Morden auf dem gesamten amerikanischen Kontinent, in Europa und sogar in Japan nieder. Er war gegen diplomatische Vertretungen und Handelsvertretungen Cubas gerichtet, gegen Gebäude und Schiffe von Ländern, die mit der Insel Handel trieben, und verschonte auch UNO-Einrichtungen nicht. Weil so viele Länder davon betroffen waren, die teilweise weit vom Ursprungsort entfernt lagen, kann man davon ausgehen, dass die cubanischen Terroristen auf einen großen Unterstützungsapparat zählen konnten (die CIA?); auf sich allein gestellt wären sie nie in der Lage gewesen, die Logistik aufzubauen, die nötig ist, um eine Bombe in Madrid oder Paris zur Explosion zu bringen. In der französischen Hauptstadt explodierte im Juli 1974 eine Bombe in der diplomatischen Vertretung Cubas, zu der sich die »Frente de Liberación Nacional de Cuba« (FLNC) bekannte, ein finsterer Apparat, der den verschiedensten Gruppen, darunter auch der RECE, als Schirm diente.

Die Komplizenschaft des Schweigens

Um bei den Wahlen 1976 die Stimmen der cubanischen Oppositionellen zu gewinnen, geht Präsident Gerald Ford zum Angriff über. Er »fordert« von der revolutionären Regierung, die Solidarität mit dem Unabhängigkeitskampf der Puertoricaner einzustellen und außerdem die in internationalistischer Mission nach Angola entsandten cubanischen Truppen zurückzuziehen. Dies ermutigte die Banden. Als die CIA dabei war, die Kontrolle über sie zu verlieren, drängte sie die radikalsten Fraktionen, sich in der Dominikanischen Republik einzufinden und eine Koalition zu bilden, die so genannte »Coordinadora de Organisaciones Revolucionarias Unidas« (CORU). Das geschah auf Befehl des Direktors der Spionageabteilung und zukünftigen Präsidenten George Bush.[51] »In diese (die CORU; d. Verf.) gliederten sich die wichtigsten zu diesem Zeitpunkt existierenden konterrevolutionären Organisationen ein. Die faschistische Junta Chiles erwies sich bei dieser Gründung als ein Faktor der Inspiration und Unterstützung.«[52]

Zum Leiter der CORU wählte man den bereits als Berater der gefürchteten politischen Polizei Chiles (DINA) tätigen Orlando Bosch.

Tony Calatayud gehörte weiterhin zum Führungskern. Unter den Anwesenden befanden sich weitere Terroristen, die der Representación Cubana en el Exilio nahe standen, wie Posada Carriles.[53]

Im August 1976 zerstörte eine Bombe das Fahrzeug des ehemaligen Außenministers der Allende-Regierung, Orlando Letelier, in dem dieser und seine US-amerikanische Sekretärin unterwegs waren. Das abscheuliche Verbrechen geschah in Washington, fand aber politischen Widerhall im ganzen Land und hatte weit gehende Untersuchungen zur Folge, bei denen sich herausstellte, dass verschiedene Exilcubaner, die für die CIA und die DINA arbeiteten, darin verwickelt waren.

Am 6. Oktober, als die Trümmer dieses Autos noch nicht abgekühlt waren, geschah das, was das Fass zum Überlaufen brachte: Ein Flugzeug der Cubana de Aviacion wurde mitten im Flug in die Luft gesprengt. Die Leichen von 73 Personen blieben auf dem Territorium von Barbados zurück. Acht Tage später verhaftete die venezolanische Polizei Orlando Bosch und Luis Posada Carriles, die wir schon als enge Freunde der RECE kennen gelernt haben. Letzterer hatte als Berater der venezolanischen Sicherheitskräfte fungiert. Er war von der CIA dorthin geschickt worden, um das Amt eines Kommissars der politischen Polizei zu übernehmen.

Keine einzige konterrevolutionäre Gruppe und auch kein einziges ihrer Mitglieder hat dieses Verbrechen jemals öffentlich verurteilt. Im Gegenteil, sie rechtfertigten es auf unterschiedliche Weise. Und genauso schwieg der Bacardi-Clan zu diesem und zu vielen anderen Verbrechen.

Der nationale und internationale Druck zwang die US-Regierung, gegen die störrischsten Elemente vorzugehen. So kam der »Krieg auf den Straßen der Welt« zum Erliegen. Mit den wahnsinnigen Aktionen gelang es nicht, den revolutionären Prozess zu destabilisieren, vielmehr riefen sie bei der großen Mehrheit der Bevölkerung der Vereinigten Staaten Ablehnung hervor. Die Zeit war gekommen, die Ressourcen auf eine andere Strategie umzuleiten. Die politische Arbeit, mit Sakko und Krawatte, auf Gängen und in Büros – das war die Richtung, die es nun zu verfolgen galt. Der Erfolg, der mit dem Besuch von Jesse Helms und anderen erreicht wurde, war ein Beweis dafür.

»Die RECE vermählte sich wieder mit dem Rum und der Politik, und die Bacardis übernahmen einmal mehr fast alle Rechnungen (...).«[54]

Wölfe im Schafspelz

Auf Anraten seiner mächtigen Freunde im US-Establishment ließ José *Pepín* Bosch den ehrgeizigen Jorge Mas Canosa an Washingtons Türen klopfen. Dabei kreuzten sich die Wege von Canosa und Frank Calzón, einem Hochschulabsolventen der konservativen Georgetown Universität. Calzón war führender Aktivist der Organisation »Abdala«, die von einem »Veteranen der ›cubanischen Einheiten‹ im US-Heer« gegründet worden war.[55] »Abdala« agierte als öffentlicher Apparat der terroristischen »Frente de Liberación Nacional de Cuba«. Ironischerweise waren es die Abdala-Leute, die 1975 »Of Human Rights« gründeten, und Calzón wurde Exekutivpräsident. Parallel dazu leitete er »Cuban American Public Affairs«, einen Lobbyapparat, der praktisch ein Einmannbetrieb war.

Im selben Jahr legte Richard Stone dem US-Senat eine Resolution vor, die die Unterbindung jeglicher Form von Tourismus nach Cuba zum Ziel hatte. Aber das war nicht alles. Parallel dazu unterstützte er seine Parteigänger bei der Bildung eines Komitees für ein »freies Cuba«, dem die Konterrevolutionäre 250.000 Dollar zukommen ließen. »Nicht so sehr dank dieser ansehnlichen Spende als aufgrund der Tatsache, dass es noch immer antikommunistische nordamerikanische Politiker gab, waren siebzehn Senatoren damit einverstanden, ihren Namen unter diese Initiative zu setzen, mit der die demokratischen Institutionen dazu benutzt werden sollten, die Außenpolitik zu beeinflussen.«[56]

Pepín Bosch trug wesentlich zur finanziellen Unterstützung bei. Es lässt sich kaum herausfinden, wie viel davon auf Stone und die anderen Senatoren entfiel, die »Americans for Free Cuba« bildeten, eingeschlossen Jesse Helms, der die Resolution nicht nur unterschrieb, sondern es auch übernahm, sie zu puschen.

Kapitel 6
Reagan zeugt eine Kreatur

Auf Wiedersehen RECE, die FNCA kommt

1988 wurde offiziell die Auflösung der Representación Cubana en el
Exilio bekannt gegeben. Doch zu Beginn der 80er Jahre existierte diese
sowieso nur noch als ein Kürzel unter vielen im Konzert der konterrevolutionären Gruppen. Genau seit 1981 kamen verschiedene Leiter
und Aktionäre des Bacardi-Konzerns, ehemalige RECE-Führer und diverse CIA-Leute zusammen und erarbeiteten eine supermoderne Struktur mit genau definierten Strategien, die wirtschaftlich mächtig war und
politisch und ideologisch ultrarechts stand: die Fundación Nacional
Cubano Americana (FNCA).

Der Nationale Sicherheitsrat (NSC) –
Vater und Mutter der FNCA

In dem Moment, als Ronald Reagan die Wahlen gewann, schlug Richard Allen, der einer der wichtigsten Präsidentenberater in Sachen
äußerer Sicherheit werden sollte, vor, das cubanische Exil in die Pläne
einzubeziehen, die in Vorbereitung waren.[57] Die Konterrevolutionäre
hatten an den verschiedensten Orten des Planeten, insbesondere im
militärischen und paramilitärischen Bereich, ihre Treue in Bezug auf die
US-Bedürfnisse unter Beweis gestellt.

Der Vorschlag wurde angenommen, aber es musste noch eine Klip-
pe umschifft werden. Die terroristischen Anschläge, die durchgeführt
worden waren, um der cubanischen Revolution zu schaden, und die
nicht seltenen Verbindungen zum Drogenhandel machten die traditio-
nellen Führer gegenüber der öffentlichen Meinung angreifbar.[58] Von
daher suchte man nach Personen, deren Image nicht so befleckt war.

Es scheint, dass Allen zunächst zwölf Männer zu einem ersten Treffen zusammenrief. In ihrer Mehrheit waren es Mitglieder der CIA oder Personen, die mit ihr oder anderen Geheimdiensten der USA in Beziehung standen. Alle hatten sich bei konservativen Intellektuellen, Unternehmern und Geschäftsleuten dieses Landes einen guten Ruf erworben. Zwar hatten einige an der misslungenen US-Invasion in der Schweinebucht teilgenommen, aber ansonsten wies ihre Vergangenheit keine direkte Verstrickung in strafbare Handlungen auf.

Wie einer von ihnen einige Zeit später erklärte, habe man ihnen beim Nationalen Sicherheitsrat (NSC) gesagt, wenn sie sich organisierten und das Ansehen des cubanischen Exils verbesserten, könne man ihnen helfen, etwas für die »Freiheit Cubas« zu tun, indem man sie mit den Führern der politischen Welt bekannt mache.[59]

So wurde im Juli 1981, aus dem Schoß der Reagan-Administration, die Fundación Nacional Cubano Americana geboren. Die Fundación wurde als gemeinnützige Assoziation mit »wissenschaftlicher, erzieherischer und karitativer Zielsetzung« gegründet und war daher von Steuerzahlungen befreit. Auf Weisung Allens sollte sie nach dem Schema des mächtigen jüdischen Lobbyapparates, dem »American-Israel Public Affairs Committee« aufgebaut werden. Das heißt, sie sollte über eine Instanz verfügen, die die Aufgabe hatte, politischen Einfluss auf den Staatsapparat zu nehmen, und genau das sollte die Fundación Nacional Cubano Americana sein; außerdem brauchte man ein scheinbar unabhängiges politisches Aktionskomitee, das finanzielle Zuwendungen an Politiker kanalisieren sollte, ohne den Rest der Organisation zu kompromittieren.

Das ehemalige Mitglied der terroristischen Organisation »Abdala«, Frank Calzón, wurde der erste leitende Direktor. Als er kurze Zeit später zurücktrat und Jacqueline Tillman diese Funktion übernahm, die sie bis 1992 innehatte, konnten wirklich keine Zweifel mehr an den wahren Wurzeln der Fundación bestehen. Mrs Tillman hatte bis dahin einen Platz im wichtigen Nationalen Sicherheitsrat. José Sorzano, ein cubanoamerikanischer Intellektueller, ging seinerseits vom Vorstand der Fundación in den Nationalen Sicherheitsrat.

»Projekt Demokratie«

Die Einbeziehung der extremen cubanischen Rechten in die Strategie der Reagan-Administration wurde endgültig besiegelt, als der Präsident im Januar 1983 die Direktive Nr. 77 unterzeichnete. Diese war eigentlich geheim und nur dem inneren Kreis des Nationalen Sicherheitsrats als *Project Democracy* bekannt. Das Hauptaugenmerk der Direktive galt Mittelamerika mit seinen brennenden sozialen und politischen Problemen und seinen Aufständen. Wichtigstes Objekt war zunächst das kleine und arme Nicaragua mit seiner populären sandinistischen Revolution. Es war als Nummer eins im Visier Washingtons, galt es doch laut Reagan als »eine außergewöhnliche und außerordentliche Bedrohung für die nationale Sicherheit und die Außenpolitik der USA«.

Logischerweise blieb Cuba von einem solchen Projekt nicht verschont, denn es galt als Hauptunruhestifter, angeblich auf Befehl der Sowjetunion.

Das *Projekt Demokratie* hatte zwei Gesichter. Eines, das militärische und geheime, war sogar der Kontrolle des Kongresses entzogen. Die Koordinierung der Operationen wurde Oberst Oliver North übertragen, einem Spezialisten für besonders geheime Operationen, wie sie in den Indochina-Kriegen entwickelt wurden.[60]

Das zweite Gesicht war zwar für die Öffentlichkeit gedacht, wurde aber trotzdem von einem Propaganda-Experten aus den höchsten Rängen der CIA-Sondereinheiten überwacht. Es nannte sich Nationale Stiftung für die Demokratie (»National Endowment for Democracy« – NED) und trat als gemeinnützige Nichtregierungsorganisation auf. Trotzdem waren – und sind – dessen Geldmittel im Bundeshaushalt enthalten, mit wohlwollender Duldung durch den Kongress.

Der NED erblickte das Licht der Welt, wuchs und entwickelte sich zum bevorzugten Instrument der US-Interventionspolitik, denn er übernahm Aufgaben, die die CIA bis dahin verdeckt wahrgenommen hatte: mittel- und langfristig die Organisationen der so genannten Zivilgesellschaft mit ausgefeilten Projekten zu infiltrieren.[61]

Die FNCA und das *Projekt Demokratie*

Eine der ersten Aufgaben der Fundación Nacional Cubano Americana war ihre Beteiligung am antisandinistischen Kreuzzug, der sowohl in Mittelamerika als auch in den Vereinigten Staaten selbst stattfand. Damit wurde sie zu einem bedeutenden Anhang des *Project Democracy* und gleichzeitig zu einem der wichtigsten Gehaltsempfänger des NED: »Als Kind von Reagans *Project Democracy* spielte die ›National Endowment for Democracy‹ (...) Geld in die Hände zahlreicher lateinamerikanischer Gruppen, unter ihnen die ›Fundación‹ und verschiedene andere Organisationen des Exils.«[62]

Dem Mitglied des Kongress-Untersuchungsausschusses Gaeton Fonzi zufolge erhielt die Fundación von den Regierungen Reagan und Bush, also zwischen Januar 1981 und Januar 1993, mehrere Millionen Dollar. Ein großer Teil dieser Gelder landete aber nur zwischenzeitlich bei der FNCA, weil er für andere Aktivitäten wie zum Beispiel Reagans geheimen Krieg in Mittelamerika gedacht war.

Zumindest bis gegen Ende der 80er Jahre hatten die US-Geheimdienste und das Weiße Haus direkt mit den Entscheidungen der Fundación zu tun. Deren Führer mussten an den regelmäßigen Treffen teilnehmen, bei denen Angehörige dieser Geheimdienste über die Situation in Lateinamerika informierten, um daran anschließend die Linien zu umreißen, nach denen vorgegangen werden sollte.[63] Einer der ersten Direktoren der Fundación gestand dem Ermittler Fonzi, dass er bei diesen ersten Treffen »nicht erkannt hatte«, dass die Reagan-Administration die Fundación aufgebaut hatte, »nicht allein, um die cubanische Sache voranzubringen, sondern als Teil eines viel größeren Gesamtplans«.[64]

Die ersten Paten der FNCA

Zu den Personen, die im NSC die Ingangsetzung der Fundación vorantrieben, gehörte der CIA-Direktor William Casey. Er arbeitete auch für das *Project Democracy* und unterhielt mit dem extremistischen Exil »eine Beziehung tiefer Zuneigung«.[65] Hierzu gehörte auch der Akademiker und Ideologe Roger Fontaine, im Nationalen Sicherheitsrat für Lateinamerika zuständig, Mitglied der Antikommunistischen Welt-Liga (CWACL) und dem Center for Strategic International Studies (CSIS) der Georgetown Universität, einer Ideenschmiede für neoliberales Gedankengut in den USA. Eine weitere Schlüsselfigur bei der Entwicklung der Fundación National Cubano Americana war Robert McFarlane, Anstifter zur Gewalt gegen das nicaraguanische Volk und einer der Redakteure des so genannten Santa-Fe-Dokuments.[66]

Im Kongress unternahmen die Parlamentarier Jesse Helms und Richard Stone erhebliche Anstrengungen, um Anerkennung und Unterstützung für die Fundación National Cubano Americana zu erreichen. Auf dem gleichen Pfad wandelte Dante Fascell, ein Demokrat aus Florida, der damals dem Außenpolitischen Ausschuss des Kongresses vorstand. Auch Jeane Kirkpatrick, Ehefrau eines ehemaligen hohen Geheimdienst-Funktionärs, begünstigte viele Jahre lang die Arbeit der FNCA.[67] Mrs. Kirkpatrick hatte großen Einfluss in der »Heritage Foundation«, in »Freedom House« und anderen konservativen Institutionen sowie als Botschafterin Reagans bei den Vereinten Nationen und wirkte in dessen »Advisory Council« mit. Diesem auserwählten Gremium gehörte sie gemeinsam mit dem Parlamentarier Richard Stone und mit José *Pepín* Bosch von Bacardi an.

Kapitel 7
Die FNCA und die Aktionäre

Komplizen in der Sünde

Weil ihre politischen Interessen voll und ganz mit dem übereinstimmten, was die Reagan-Administration von der FNCA erwartete, gehörten deren Leitung schon nach wenigen Monaten mehr als hundert cubanische Unternehmer an, alle wohnhaft in den USA. Jeder einzelne von ihnen war bereit, Summen zwischen fünf- und fünfzigtausend Dollar jährlich beizutragen, und viele waren auf die eine oder andere Weise mit den US-Spionagediensten, hauptsächlich der CIA, verbunden.

Auf der anderen Seite machten ihr Einfluss auf die cubanische Gemeinde in Florida, ihre Möglichkeit zur Mobilisierung ökonomischer Ressourcen, die so wichtig sind für Wahlen in den USA, und ihre Beziehungen zur Welt des Unternehmertums und der Politik innerhalb und außerhalb der USA diese Gruppe für die Sache unentbehrlich.

Führungskräfte von Bacardi verstärken die FNCA

In der Fundación hat es schon immer eine große Macht im Hintergrund gegeben. Kaum hatte die FNCA ihre ersten Schritte getan, als schon mehrere Aktionäre des Bacardi-Konzerns in ihren Vorstand eintraten. Kein anderes Unternehmen und keine andere Familie war mit so vielen Mitgliedern so lange Zeit in diesem »Heiligtum« der extremen konterrevolutionären Rechten vertreten.

Diese Aktionäre und durch sie auch Bacardi waren maßgeblich an legalen, geheimen und anderen Aktionen beteiligt, die die FNCA seit 1981 durchführte. Sie waren Teil der Führungsgruppe, die die Entscheidungen trifft, Pläne gutheißt und umsetzt und so den US-Interessen, hauptsächlich im Krieg gegen Cuba, dient.

Dabei darf man die zahlreichen Clan-Mitglieder nicht vergessen, die der Fundación als »Assoziierte« angehören. Diese haben, auch wenn sie nicht zu Direktoren gewählt werden können, alle anderen Rechte, Pflichten und Privilegien, die Teilnahme an der Hauptversammlung eingeschlossen. Sie müssen jedes Jahr einen Beitrag von mindestens zweitausend Dollar zahlen. Unter den Mitgliedern des Bacardi-Clans, die zum FNCA-Vorstand gehörten, sind besonders hervorzuheben: José *Pepín* Bosch, Clara María del Valle, Lourdes Abascal Quirch, José Bacardi und Manuel Jorge Cutillas.

Pepín Bosch hatte zwar 1976 seinen Posten in der Bacardi-Gesellschaft aufgegeben, gehörte aber weiterhin zu den wichtigsten und einflussreichsten Aktionären. Bis zu seinem Tod 1994 hatte er einen Sitz im Advisory Council gemeinsam mit Leuten wie dem Senator Richard Stone, Jeane Kirkpatrick, William C. Doherty und Peter Grace; die beiden Letztgenannten waren im Vorstand des American Institute for Free Labor Development (AIFLD), einer regionalen Organisation des US-Gewerkschaftsverbandes AFL-CIO. Die Gewerkschaftsorganisationen sind ebenso wie diese Personen beschuldigt worden, enge Beziehungen zur CIA zu unterhalten.[68]

Was Cutillas, Abascal Quirch und José Bacardi betrifft, so gehörten sie dem Treuhänderausschuss an, und zwar zusammen mit einer ganzen Reihe von Cubano-Amerikanern und, welch schicksalhafte Fügung, dem ehemaligen Führer der Representación Cubana en el Exilio und Ex-Mitglied der US-Geheimdienste, Ernesto Freire.

Die ebenfalls bereits genannte Clara María de la Valle, Enkelin einer Bacardi, ist seit der zweiten Hälfte der 80er Jahre in die Aktivitäten der Fundación verwickelt. Von 1989 an, als sie in den Vorstand eintritt und mehr noch von 1999 an, als sie Vizedirektorin wird, ist sie in einer Position, in der Entscheidungen getroffen werden.

Auch andere Mitglieder des Clans haben Beziehungen zur Fundación unterhalten, sei es durch Mitarbeit und/oder finanzielle Unterstützung; unter anderen sind Personen aus der Unternehmensspitze zu nennen wie Juan Prado, Juan Grau, Rodolfo Ruiz, Eduardo Sardiña und Edwin Nielsen Schueg.[69]

Die Rolle konservativer Intellektueller

Auch Intellektuelle und Diplomaten machten sich um die Fundación Nacional Cubano Americana besonders verdient. Wenn auch nur sehr wenige dem Führungsgremium angehörten, so waren doch viele im Beraterstab. Bevorzugt wurden hauptsächlich jene, die Beziehungen zur Heritage Foundation oder zu Freedom House hatten oder von der Katholischen Universität Georgetown kamen.

Ganz wie Frank Calzón taten sich auch José Sorzano und Ernesto Betancourt hervor, sowie Luis Aguilar León, Leitartikler der Zeitung *El Nuevo Herald* und mit den politischen Interessen des Unternehmens Bacardi verbunden.[70] Sie und ihr Kreis fanden Anhänger unter Intellektuellen anderer Nationalitäten, die ihre Auffassungen teilten und ihre Aktionen guthießen. Zu den ersten gehörten Fernando Arrabal, Carlos und Jorge Semprún, Philippe Sollers, Hugh Thomas, Mari Paz Martínez Nieto, Mario Vargas Llosa, Bernard-Henry Lévy und Jean-Francois Revel, von dem es heißt, er stehe im Dienste der CIA.[71]

Was Frankreich angeht, so fand das erste Treffen, bei dem Revel, Lévy, Arrabal und Sollers die Hauptrolle spielten, 1979 statt. Koordiniert von Eduardo Manet und Carlos Alberto Montaner, wurde ein weiteres Treffen in den Räumen der Französischen Nationalversammlung organisiert, das mit dem Beginn des IV. Parteitages der Kommunistischen Partei Cubas zusammenfiel. Zentrales Anliegen dieses Treffens war, von den Regierungen Frankreichs und Spaniens zu fordern, die wichtigsten Exilorganisationen als offizielle Gesprächspartner anzuerkennen. Der Vorsitz der Veranstaltung lag bei Vargas Llosa, der damals schon die Blockade gegen Cuba unterstützte.[72] Sie wurde »organisiert von der französischen Zeitschrift *La Règle du Jeu* des antimarxistischen Philosophen Bernard-Henry Lévy«.[73]

Im April 1992, als gerne von der bevorstehenden Auflösung des cubanischen Systems gesprochen wurde, fand ein weiteres Treffen in Paris statt. Wieder waren Montaner und Manet die Koordinatoren, und Revel und Lévy gewährten volle Unterstützung. In diesem Zusammenhang nicht zu vergessen sind die Anregungen durch den Filmemacher Néstor Almendros, der wenige Jahre zuvor seinen von der FNCA sub-

ventionierten Dokumentarfilm *Nadie escuchaba* gedreht hatte.[74] An dem
Treffen nahmen Führer der Fundación und Vertreter anderer extremi-
stischer Organisationen aus Miami wie Hubert Matos und Ricardo Bofill
teil. Die Diskussionen fanden statt im »Centre de Hautes Études sur
l'Afrique et l'Asie Moderne« das die Karibik einschließt (...) und das zum
Büro der Premierministerin Edith Cresson gehört«.[75]

Akademische Infiltration

Da die Fundación, das International Center for Strategic International
Studies of the Georgetown University (CSIS), die Heritage Foundation,
Freedom House und die Universität von Miami ideologisch übereinstimmten, wurden enge Bande zwischen ihnen geknüpft. Zusätzlich ließ
die Fundación dem CSIS und der Universität von Miami beachtliche
finanzielle Beträge zukommen, was dazu führte, dass die Beziehungen
über das rein Akademische hinausgingen.

Ende der 80er Jahre schuf die Fundación Nacional Cubano Americana den Fonds für Cubanische Studien (ECAS). Dieser sollte hauptsächlich politische Analysen erarbeiten und gemeinsame Aktivitäten mit
Studienzentren und Universitäten in Bezug auf Cuba ermöglichen. So
organisierte er zum Beispiel, als sich der Zusammenbruch des so genannten sozialistischen Blocks abzeichnete, zusammen mit der Universität
von Miami verschiedene Treffen, auf denen die Beziehungen Cubas zu
den Ostblockländern debattiert wurden. Eingeladen waren hauptsächlich Politiker, Diplomaten und Intellektuelle aus der UdSSR, Polen und
Ungarn.

Wie nicht anders zu erwarten, stammten die wichtigsten Vorstandsmitglieder des ECAS aus konservativen Institutionen, die oben bereits
erwähnt wurden: Jean-François Revel, Jeane Kirkpatrick, Hugh Thomas, Luis Aguilar León, Mario Vargas Llosa etc.[76] Der Fonds für Cubanische Studien konzentrierte sich bei seinen Aktivitäten auf das Zentrum
für Cubanische Studien der Universität von Miami, und dafür gab es
einen guten Grund. In den ersten Monaten des Jahres 1990 hatte die
Fundación der Internationalen Universität von Miami (FIU) vorgeschla-

gen, den Fonds für Cubanische Studien parallel zur Fakultät gleichen Namens einzurichten, weil diese sich angeblich in den Händen der Linken befand. Dieser Fonds, dem die Fundación zu jedem Dollar, den der Staat bewilligte, einen eigenen Dollar hinzufügte, ermöglichte es, Stipendien zu vergeben und Seminare, Untersuchungen und Veröffentlichungen zu finanzieren. Der Vorschlag wurde jedoch von einem bedeutenden Teil der Studenten und Dozenten zurückgewiesen, die die akademische Freiheit in Gefahr sahen.

Die Konfrontation nahm nationale Dimensionen an. Im Jahre 1991 beschloss dann der Kongress des Staates Florida, der Fonds könne geschaffen werden, jedoch an der Universität von Miami, die damals fast vollständig vom reaktionären Teil des Exils beherrscht wurde. Der Kongress verpflichtete sich zusätzlich, dafür eine Million Dollar zur Verfügung zu stellen, wozu die Fundación noch einmal die gleiche Summe beisteuerte: »Die Fundación brachte eine Million Dollar auf, und die Spatzen pfiffen von den Dächern, dass Bacardi daran den Hauptanteil hatte – und so wurde der Fonds für Cubanische Studien geboren (...).«[77]

Der Bacardi-Lehrstuhl

Es gab bereits einen ganz eigentümlichen Vorläufer des Zentrums für Cubanische Studien.

An der Universität von Miami wurde 1986 der Lehrstuhl Emilio Bacardi Moreau, besser bekannt als Bacardi-Lehrstuhl (The Bacardi Chair) eingeweiht. Personen, die der Fundación und den Bacardis nahe standen, wie Luis Aguilar León, Irwing L. Horowitz und Jaime Suchlicki, waren eingeladen, Kurse über »die Geschichte Cubas und das Verständnis der cubanischen Kultur« abzuhalten, die Hauptthemen, mit denen sich dieser Lehrstuhl beschäftigte.

Ausgerechnet Manuel J. Cutillas, der Bacardi-Chef, war Vorsitzender des International Advisory Board der Universität von Miami. Auffallend ist, dass der Advisory Board eines hohen akademischen Zentrums sich aus 34 Persönlichkeiten aus Banken, Handel, Industrie und Kommunikationsmedien zusammensetzt. Wie aus dem Bericht der Universität hervorgeht, arbeitet diese Gruppe mit dem Rektor »an der Entwicklung internationaler Studienprogramme, der Anwerbung von Studenten sowie am Fortschritt des Zentrums für Cubanische Studien«.

Radio Martí

Die Gruppe von Intellektuellen und Politikern, die Anhänger oder Aktive der Fundación Nacional Cubano Americana waren, konnte mit *Radio Martí* ihre Vorstellungen und Sehnsüchte über den Äther bringen. Obwohl *Radio Martí* bereits 1983 gleichzeitig mit dem *Project Democracy* von Präsident Reagan genehmigt worden war, begann es erst im Mai 1985 mit seinen Sendungen nach Cuba. Es war nämlich auf heftigen Widerstand bei einflussreichen Kreisen des US-Kongresses gestoßen, die es für die Destabilisierung der cubanischen Regierung als wenig hilfreich ansahen. Nach Aussagen der Hauptbefürworter stellte der Sender »den ersten wichtigen Akt der Zusammenarbeit zwischen der Fundación und der nordamerikanischen Regierung dar«.[78] Es war Richard Allen, der im Nationalen Sicherheitsrat die Schaffung jenes Radiosenders vorantrieb, der ironischerweise den Namen desjenigen Cubaners trug, der gegen den spanischen Kolonialismus gekämpft und die Begehrlichkeiten der USA vorhergesehen hatte, sein Vaterland zu annektieren. Allen zählte erneut auf die Unterstützung derer, die bereits die Entstehung der Fundación Nacional Cubano Americana begünstigt hatten: u. a. Jesse Helms, Richard Stone, Dante Fascell, Robert McFarlane und Jeane Kirkpatrick. Aber Allen und die extreme Rechte des Exils hatten noch eine weitere Trumpfkarte in der Hand: Charles Wick, Chef des US-Propaganda-Apparates United States Information Agency (USIA).[79]

Hilda Inclán, die Nachrichtenchefin, verließ *Radio Martí* und »klagte die Direktoren der Verletzung föderaler Gesetze und eines unverantwortlichen Journalismus an«. Gleichzeitig »beschwerte sie sich, dass die Recherchenabteilung des Senders ein Apparat des Geheimdienstes sei (...), und ausgerechnet die Recherchenabteilung von *Radio Martí* hatte sich in das Rückgrat des Radiosenders verwandelt«.[80]

Der Direktor des Senders, Rolando Bonachea, erklärte in einem
Vortrag im Institut für Cubanische Studien der Universität von Miami
(ECAS): »Vorläufig sind *Radio Martí* und *TV Martí* die größten Untersu-
chungs- und Informationszentren über Cuba. Während die CIA nur drei
Analytiker cubanischer Herkunft mit dieser Art von Untersuchung
beschäftigt und das Verteidigungsministerium nur zwei, sind es bei *Radio Martí* und *TV Martí* zweihundertundzwanzig Angestellte, die sich
ausschließlich dem Studium der cubanischen Realität und den Aktivitäten der cubanischen Regierung innerhalb und außerhalb Cubas wid-
men.«[81]

Radio Martí begann mit einem Jahreshaushalt von 14 Millionen Dollar, der allmählich anstieg. Trotzdem hat der Sender sein Hauptziel, das
cubanische Volk dazu zu bringen, sich gegen seine Regierung aufzuleh-
nen, nicht erreicht. Besorgt über diese Lage schlossen sich wichtige Direktoren und Aktionäre der Bacardi-Gesellschaft zu den Ciudadanos
por una Cuba Libre (Bürger für ein freies Cuba) zusammen – eine An-
sammlung von konservativen US-Politikern und Cubano-Amerikanern,
die Präsident Clinton in einem Offenen Brief unter anderem darum
baten, »die Sendungen von *Radio Martí*, *TV Martí* und anderer Kommu-
nikationskanäle nach Cuba zu intensivieren, um das Volk zu informieren und zu motivieren«.[82]

Kapitel 8
Zwei Kriege und ihre Komplizen

Der Krieg gegen die Sandinisten

Das *Project Democracy* wird fallen gelassen

Am 6. Oktober 1986 schoss eine Patrouille des Sandinistischen Volksheeres ein Flugzeug ab. Die Dokumente, die bei dem einzigen Überlebenden, dem US-Bürger Eugene Hasenfus, gefunden wurden, bewiesen, was Nicaraguas Regierung immer schon behauptet hatte, ohne dass man auf sie gehört hätte: Der irreguläre und terroristische Krieg gegen ihr Territorium wurde vom Weißen Haus aus dirigiert, und es war der Söldnerapparat der so genannten *Contra*, der diesem Zwecke diente. Einige Tage später, am 25. November, ist es der US-Justizminister selbst, der enthüllt, dass das Geld aus dem illegalen Waffenverkauf an die Regierung des Iran zur Finanzierung des Krieges gegen die Sandinisten umgeleitet worden war.

Es war mehr als nur ein Sturm, was über Reagan und seine Regierungsmannschaft hereinbrach. Es war eine Sintflut mit dem Namen *Iran-Contragate*. Die öffentliche Meinung konnte nicht begreifen, wie Reagan unter Vermittlung Israels schwere Waffen ausgerechnet an Khomeini verkaufen konnte, den er gleichzeitig weltweit als »dämonischen Terroristen« verurteilt sehen wollte. Sie verstand auch nicht, dass dieses Geld (36 Millionen Dollar in zwei Jahren) dazu benutzt wurde, die Aggression gegen ein Land zu finanzieren, mit dem man sich nicht im Krieg befand. Jeden Tag gab es neue Enthüllungen über eine ganze Reihe von geheimen Aktionen, die nicht nur internationales Recht und die Menschenrechte verletzten, sondern auch US-Gesetze und Auflagen des Kongresses.[83]

Der Gipfel von allem war jedoch, dass die Operationen gegen die Sandinisten zusätzlich mit Geld aus dem Drogenhandel finanziert wur-

den. Kokain und Marihuana wurden von den großen Chefs der bekannten kolumbianischen Drogenkartelle an eines der Netze des *Project Democracy* geliefert und über die von der CIA kontrollierten Landepisten in
Costa Rica, Honduras und El Salvador weitertransportiert. Von dort
wurden die Drogen zu zivilen und militärischen Flughäfen in Florida
geschafft, wo ein anderes Netz sie aufnahm und auf den Markt brachte.[84]
Die kolumbianischen Kriminellen bekamen im Gegenzug Waffen, aus-
gefeilte Sicherheitsausrüstungen und die Erlaubnis, mit ihren eigenen
Schiffen US-amerikanisches Territorium anzulaufen. Ganz sicher wäre
die kolumbianische Mafia nie zu dem geworden, was sie heute ist, wäre
sie nicht in den Krieg gegen die Sandinisten mit einbezogen worden.[85]
Zur gleichen Zeit gelang es Reagan, die US-Amerikaner und fast die
ganze Menschheit davon zu überzeugen, seine Regierung habe dem
Drogenhandel den Krieg erklärt.

Was die Massenmedien ansatzweise aufzudecken begannen, wurde
durch Kongress-Untersuchungen offenkundig, insbesondere durch den
von John Kerry geführten Ausschuss. Mit ihrem obsessiven Krieg gegen
Nicaragua verwickelten Ronald Reagan und seine Regierungsmannschaft die Nation in eine Operation »staatlichen Banditentums«. [86]

Halb öffentlich, halb privat

William Casey, Robert Mc Farlane und Oliver North drängten vom
CIA und dem Nationalen Sicherheitsrat aus auf die Schaffung eines
Überbaus, des so genannten »Nicaraguan Freedom Fund«. Dieser förderte und koordinierte in großem Ausmaß die Kräfte eines weit verzweigten Spektrums konservativer privater Organisationen. Deren
Aufgabe bestand darin, sowohl innerhalb der Vereinigten Staaten als
auch im Ausland politische und mediale Unterstützung zu vermitteln
und zu suchen. Außerdem waren sie für das Sammeln und Weiterleiten
der Fonds an die *Contra* zuständig. Die bekannteste Persönlichkeit, die
den Fonds repräsentierte, war Jeane Kirkpatrick.[87] Der Terrorist Posada Carriles, der den Söldnertruppen als Berater diente, bemerkte in diesem Zusammenhang: »Die CIA, die dieses Projekt leitete, nahm erfreut

zur Kenntnis, dass eine unabhängige Gruppe die antisandinistischen Rebellen mit Waffen und Munition versorgte (...).«[88]

Wie seit seiner Errichtung im Zuge des *Project Democracy* vorgesehen, fiel die Aufgabe, den Söldnern der *Contra* über jene Organisationen Millionen von Dollar zukommen zu lassen, dem Nationalen Fonds für Demokratie zu. Das Außenministerium seinerseits wies die US-Agency for International Development (US-AID), die US-Information Agency (USIA) und andere ihm unterstehende Institutionen an, mit den privaten Organisationen die Übergabe der angeblich »humanitären Hilfe« an das Söldnerheer zu koordinieren. Aber wie die Untersuchungen des Kongresses ergaben, diente diese private und öffentliche Hilfe nur als Tarnung für den Kauf von Kriegsmaterial und für die Unterstützung seitens des US-Militärs. Dadurch wurde sogar das Außenministerium selbst in den Drogenhandel verwickelt, da die ihm unterstehenden Organe für diese Aktionen benutzt wurden.[89]

Mit den Kämpfern für die Freiheit

Diese ganze antisandinistische Operation fand unter direkter Beteiligung der Fundación Nacional Cubano Americana statt. Das schloss die an letzterer beteiligten Aktionäre und Vorstandsmitglieder des transnationalen Bacardi-Konzerns, soweit sie dort Entscheidungsgewalt ausüben, ein.

Bis zu Beginn der 90er Jahre machte sich die Fundación keine große Mühe, ihre Rolle als Anhängsel der US-Außenpolitik zu verbergen oder zu verschleiern. Im Gegenteil, sie gab ganz unverhohlen über ihre wahre Natur Auskunft: »Wir unterstützen die Initiative Präsident Reagans, den Freiheitskämpfern in Cuba, Afghanistan, Äthiopien, Kambod-scha, Nicaragua, Angola und in anderen Ländern moralisch und materiell zu helfen (...).«[90] Ihre Führer gaben ohne Umschweife zu, dass sie in diese Operationen verwickelt waren: »Unsere aktive Teilnahme am Konflikt in Mittelamerika und unsere Anstrengungen, jene zu informieren und zu beraten, die sich der Sache eines Freien Nicaragua solidarisch verbunden fühlen, umfasst ein ganzes Spektrum an Aktivitäten (...).«[91]

Und wenn noch Zweifel an der Komplizenschaft der FNCA-Führung mit jenem »schmutzigen Krieg« bestehen sollten, so kann man eine weitere Quelle zu Rate ziehen: »Die Ursprünge dieser Zusammenarbeit ergaben sich am Ende der ersten Amtszeit Reagans, als Theodore Shackley, ehemaliger enger Mitarbeiter der CIA-Führung und Chef der Abteilung für verdeckte Operationen, die Mitglieder der Fundación um Unterstützung in der Mittelamerikapolitik bat (...).«[92]

Vergessen wir nicht, dass wir aus freigegebenen Dokumenten des FBI wissen, dass es die von Shackley geleitete CIA-Abteilung in Miami war, die damals die Beziehungen zur Representación Cubana en el Exilio managte und ihr ansehnliche finanzielle Mittel zukommen ließ. Es handelt sich hierbei um jene Terroristenorganisation, die vom Bacardi-Chef José *Pepín* Bosch gegründet worden war.

Der Anfang einer brüderlichen Partnerschaft

Zu alldem, was der *Iran-Contragate*-Skandal zutage förderte, gehörte auch die Anwesenheit von Luis Posada Carriles auf der in El Salvador gelegenen Basis Ilopango, die eine militärische Schlüsselstellung im Mittelamerika-Krieg einnahm. Der Terrorist war aus einem venezolanischen Gefängnis entflohen, wo er wegen der Sprengung eines Flugzeuges der Cubana de Aviación im Oktober 1976 in Haft gesessen hatte. Für seine Flucht wurden 28.600 Dollar an Bestechungsgeldern bezahlt.[93] Wie *The New Republic* 1985 berichtete, wurde das Geld dafür von einer Gruppe von FNCA-Direktoren zusammengebracht. In seiner Autobiographie beschreibt Posada genau, wie er im August 1985 direkt in Ilopango landete: »Félix Rodríguez alias Max Gómez, mein Kampfgefährte aus der Brigade (2506) erwartete mich auf einer militärischen Landebahn in El Salvador, ohne dass ich davon wusste.«[94] Nun war dieser Rodríguez kein Unbekannter. Er war Veteran von Sonderoperationen im Vietnamkrieg und in die Ermordung Che Guevaras verwickelt, den er auf Befehl der CIA im Oktober 1967 in Bolivien half gefangen zu nehmen. Er ist ein enger Freund von Expräsident Bush sen. und geht bei der Fundación ein und aus, als ob er dort zuhause wäre.[95]

Was machte Posada in Ilopango? »Von El Salvador aus nahm ich fast jeden Tag an Flügen nach Nicaragua teil. Sie wurden von der Versorgungsluftwaffe durchgeführt und von Washington aus durch Oliver North finanziert und geleitet.« Und sehr erhellend ist seine Version, wer für seinen Lebensunterhalt auf der Basis aufkam. »Eine Gruppe aus Miami, sehr qualifizierte Leute, unter ihnen Jorge Mas Canosa, Feliciano Foyo, Pepe Hernández und andere, haben sich bereit erklärt, meine finanziellen Bedürfnisse zu befriedigen. Sie lassen mir eine ausreichende Menge Geldes zukommen, das mich regelmäßig jeden Monat erreicht (...).«[96]

Vielleicht wussten ja die Aktionäre und Vorstandsmitglieder von Bacardi – ihres Zeichens auch Mitglieder der Fundación – nicht, dass Canosa, Foyo und Hernández, die Direktoren dieser extremistischen Organisation, einen bekannten Terroristen aushielten.

Die Unterstützung der UNITA in Angola

Der Bürgerkrieg in Angola

1974 verzichtete Portugal auf die letzten Überbleibsel seines Kolonialimperiums. Im Jahr darauf ließ es Angola in einem blutigen Bürgerkrieg zurück, den es selbst geschürt hatte. Die Vereinigten Staaten und die Regierung des rassistischen Südafrika eilten der Nationalen Union für die Unabhängigkeit Angolas UNITA zu Hilfe, als diese schon fast von der Volksbewegung für die Freiheit Angolas MPLA besiegt worden war. Die UNITA konnte zusätzlich auf die Unterstützung der Christdemokraten in Deutschland und der Zentrumspartei Frankreichs zählen.[97] Angesichts dieses militärischen, logistischen und politischen Nachteils bat die MPLA die cubanische Regierung um Hilfe.

Aber das Eingreifen der Vereinigten Staaten in Angola geschah nicht durch reguläre Truppen, sondern durch geheime Sonderoperationen, die hauptsächlich von der CIA durchgeführt wurden. Das beruhte auf einer klar definierten Strategie: den Sieg der MLPA verzögern, um die politische, soziale und ethnische Opposition anzuheizen, was einen Bürgerkrieg zur Folge hätte, der unabhängig davon, wer am Ende den Sieg davontrüge, ein ausgeblutetes und schwaches Angola zurückließe, in dem die UNITA die einzige Alternative zum Chaos wäre.[98]

1975 begannen die CIA und andere Geheimdienste der Vereinigten Staaten und Europas mit einer breit angelegten Kampagne »psychologischer Kriegsführung«. Sie setzten überall falsche Informationen in die Welt, die von der Zerstörung ganzer Dörfer oder der Vergewaltigung von Frauen durch cubanische Truppen sprachen. Während die AFL-CIO die Gewerkschaftsorganisation in den Dienst der US-Interessen stellte, verbreiteten an die 200 Radiostationen, Zeitungen und Presseagenturen, unter denen sich besonders AP, UPI und Reuters hervortaten, Falschinformationen, die ganz oder teilweise von der CIA finanziert wurden, wie eine Untersuchung im US-Senat ergab.[99] Die Kampagne der CIA zeigte Wirkung, denn sie bewirkte, »dass eine große Zahl ›unabhängiger‹, ›blockfreier‹ und angesehener Intellektueller an deren Projekt der psychologischen Kriegsführung mitarbeitete«, von denen viele nicht wussten, auf welches Manöver sie sich eingelassen hatten.[100]

1976 verabschiedete der US-Kongress das Clark-Amendment. Dieses verbot, an irgendeine der Konfliktparteien Waffen zu liefern oder sie militärisch zu unterstützen, aus Angst, es könnte ein neues Vietnam entstehen. Aber so wie Jahre später in Nicaragua wurden auch hier die Vorgaben des Kongresses durch das Weiße Haus und seinen Nationalen Sicherheitsrat nicht befolgt.

Pepín Bosch, die FNCA und die UNITA

Es war die Black Manafort, Stonne & Kelly Agentur, die mit der Imagepflege der UNITA und ihres Führers Jonas Savimbi beauftragt wurde.[101] Zufälligerweise war es auch diese Gruppe, die beratend tätig war, als die FNCA in den 8oer Jahren ihre Lobby-Struktur aufbaute. So ist es nur folgerichtig, dass sie als Brücke für die Beziehungen zwischen der UNITA und der FNCA fungierte.[102] Diese Zusammenarbeit hatte die Zustimmung des Nationalen Sicherheitsrates und des Außenministeriums, die versuchten, das Clark-Amendment zu umgehen, indem sie

sich auf private Organisationen, an erster Stelle die Heritage Foundation, stützten.[103]

Im Verständnis der US-Regierung war das Geschehen in Angola ein
Machtkampf zwischen dem sozialistischen und dem kapitalistischen
Block, die sich nach dem Zweiten Weltkrieg herausgebildet hatten – mit
anderen Worten: ein weiteres Kapitel des so genannten Kalten Krieges.
Die Führer der Fundación und fast die Gesamtheit des Exils sahen in
Angola die Möglichkeit zu einer Konfrontation mit der cubanischen
Regierung, die – nach ihrer Auffassung und der Meinung vieler ande-
rer – auf Befehl der Sowjetunion einige tausend Soldaten und Militärbe-
rater dorthin geschickt hatte.[104] Die Agentur Black Manafort, Stonne &
Kelly »hatte den Auftrag, für einen Betrag von 600.000 Dollar Jonas
Savimbi in den Vereinigten Staaten ein Image zu verpassen; und die
Fundación kam für die Kosten der Komitees der angolanischen Organi-
sation in den verschiedenen Städten des Landes auf (...).«[105]

Als Teil der Außenpolitik des Weißen Hauses bemühte sich auch die
Fundación, die Aufhebung des Clark-Amendments zu erreichen. Angesichts all dieser Aktivitäten und aufgrund des Drucks, der von der Lobby
ausging, wurde es im Juli 1985 aufgehoben. Damit war der Weg frei, viele
Millionen Dollar zum Kauf schwerer Waffen für die UNITA zur Verfügung zu stellen. Die Senatoren Larry Smith und Dante Fascell spielten
dabei eine herausragende Rolle. Fascell, ein alter Bekannter der Fundación, war im Vorstand von Black Manafort, Stonne & Kelly.

Im Einsatz für die UNITA

Am 28. Januar 1986 kam Jonas Savimbi nach Washington, wo er von
den Kongressabgeordneten und konservativen Organisationen wie ein
Held empfangen wurde und sich in den berühmtesten Freiheitskämpfer
verwandelte.[106] Zu diesem Zeitpunkt war die UNITA mit Hilfe ihrer
Verbündeten zu einer militärischen Kraft geworden, die zwar aufgrund
fehlender politischer Unterstützung im Land selbst die Regierung Angolas nicht destabilisieren konnte, wohl aber in der Lage war, Tausende
von Gräueltaten gegen die Bevölkerung zu verüben. Gleichzeitig wurde

die Beziehung der UNITA mit der Fundación und den dazugehörigen Bacardi-Aktionären jeden Tag enger. Das kann man aus einer öffentlichen Erklärung der FNCA schließen.

»Unsere Beziehung zu Jonas Savimbi und zur UNITA, sein Besuch in den Vereinigten Staaten und die materielle Hilfe, die er heute von diesem Land empfängt, beweisen die Wirksamkeit der Bemühungen seitens der Fundación, die Öffentlichkeit in den USA im gewünschten Sinne zu informieren und zu beeinflussen.«[107]

Ende März 1988 begab sich eine Kommission aus Vorstandsmitgliedern der Fundación nach Jamba, der Hauptstadt des unter der Kontrolle der UNITA stehenden Gebietes. Am 1. April wurde dort eine gemeinsame Erklärung unterzeichnet, in der es unter anderem heißt:

»(...) [N]ach einem umfassenden und ausführlichen Dialog über den Kampf der Angolaner für ihre Freiheit und der engen Bindung, die besagter Kampf an die Sache des cubanischen Volkes hat, (...) wurde beschlossen,

– dass die Suche nach Freiheit, Demokratie und Würde in Angola und in Cuba für beide Völker eine gemeinsame Sache darstellt; (...)

– dass sich demzufolge die Fundación Nacional Cubano Americana, insbesondere in den Vereinigten Staaten, zu einer aktiven Teilnahme an einer weltweiten Kampagne verpflichtet, die zum Ziel hat, die gerechte Sache der UNITA zu fördern (...);

– dass sich die UNITA verpflichtet, sobald wir durch nationale Versöhnung Frieden und Würde nach Angola gebracht haben, ehrliche Anstrengungen zu unternehmen, das cubanische Volk zu unterstützen, bis die Freiheit und die Demokratie in seinem Vaterland wiederhergestellt sind.

Die UNITA und die Fundación Nacional Cubano Americana bekräftigen ihre totale Hingabe an die Sache der Menschenrechte und der demokratischen Prinzipien.«[108]

Die Unterstützung von Verbrechern

Mehr als ein Dutzend Jahre ist seit der Unterzeichnung dieser gemeinsamen Erklärung vergangen. Zwischen allen betroffenen Kräften wurde ein Friedensabkommen unterzeichnet, und die cubanischen Truppen begannen sich 1989 aus angolanischem Gebiet zurückzuziehen. Aber weder die UNITA noch ihre Verbündeten respektierten dieses Friedensabkommen oder irgendwelche anderen internationalen Verpflichtungen. Inzwischen sind es Hunderttausende, die den Verbrechen und den Vertreibungen durch die völkermordende Armee zum Opfer fielen, die weiterhin von Savimbi geleitet und von den Vereinigten Staaten und – stillschweigend – von europäischen Ländern unterstützt wird: Alle zusammen sind sie hinter den immensen Diamantenvorkommen, dem Eisen und dem Erdöl des Landes her und wollen von dessen strategisch wichtiger Lage profitieren. Die Verurteilungen der UNITA durch die Vereinten Nationen stießen auf taube Ohren.

Im Januar 1999 wurde folgende Anzeige veröffentlicht:

»Gesucht: Dieser Mann ist ein Kriegsverbrecher. Er hat Tausende von Angolanern ermordet, Wohnungen, öffentliche Einrichtungen, Schulen und Krankenhäuser zerstört, Millionen von Dollar durch Diamantenschmuggel geraubt, Söldner angeheuert, um in Angola einzufallen, unterwirft Tausende von Zivilisten den Bedingungen eines Zuchthausregimes. Er wird von all jenen finanziert, die die Aufteilung Angolas wollen.«[109] Um wen geht es dabei? Um Jonas Savimbi.

Man weiß nicht, wie viele Jahre Savimbi und die UNITA in den Genuss der Kampagne kamen, die in den USA geführt wurde, um ihr Image reinzuwaschen. Sie kostete Hunderttausende von Dollar, von denen ein großer Teil durch die Fundación und den Bacardi-Magnaten José *Pepín* Bosch zur Verfügung gestellt wurden.

Kapitel 9
Das Torricelli-Graham-Gesetz

Man feiert den Zusammenbruch

1989 kündigte sich in Europa das Ende des so genannten sozialistischen Blocks an. Washington investierte in Pläne, die zur Beschleunigung des Zusammenbruchs beitragen sollten. Der bereits erwähnte Fonds »National Endowment for Democracy« (NED) zum Beispiel verteilte Millionen von Dollar an bestimmte Organisationen, die in diesem Buch mehrfach vorgekommen sind, damit sie diese in der Sowjetunion, Polen und Rumänien investierten, um ihren Einfluss geltend zu machen, Druck auszuüben, »unabhängige« Menschenrechts- und Presseapparate etc. zu bilden und zu unterstützen sowie »Dissidenten und andere Aktivisten zu finanzieren«.[110]

Die Fundación Nacional Cubano Americana war in diesem so besonderen Zeitraum dazu berufen, eine herausragende Rolle zu spielen. Was in diesen Staaten geschah, berührte sie substanziell. Dorthin begaben sich ihre begüterten Direktoren, darunter auch die von Bacardi, um eine Strategie voranzutreiben und zu finanzieren, die vom Nationalen Sicherheitsrat und vom Außenministerium der USA konzipiert worden war: auf die Sowjets Druck auszuüben, besonders dahingehend, ihre ökonomischen und militärischen Beziehungen, die sie noch mit Cuba unterhielten, abzubrechen. Für diesen Plan fanden sie ein Echo bei den Kongressabgeordneten Connie Mack, Robert Graham (beide im Vorstand des NED), Dante Fascell und Larry Smith. Mack und Smith begleiteten die Vorstandsmitglieder der Fundación nach Moskau, um dort mit hohen Regierungsvertretern über diese Angelegenheit zu sprechen. Im Gegenzug versprach man diesen gute Beziehungen zu Politik und Geschäftswelt in den Vereinigten Staaten, ganz besonders in Florida.

Die Fundación und die US-Strategen im Krieg gegen Cuba erreichten ihr Ziel. Am Morgen des 25. Dezember 1991 traf eine Delegation der

Fundación Nacional Cubano Americana Andrei Kossyrew, den neuen Außenminister des Landes, das sich bereits Russland nannte. Dieser »verpflichtete sich, Cuba keine Subventionen mehr zu gewähren und den Handelsaustausch mit Cuba auf der Basis strikter Reziprozität durchzuführen, das heißt zu Marktpreisen zu kaufen und zu verkaufen, des Weiteren den Truppenabzug zu beschleunigen und in Genf gegen Cuba zu stimmen (...)«.[111] »Dort erhob man die Gläser, um auf ein freies Cuba anzustoßen; hatte man doch an diesem Morgen das Schicksal Castros besiegelt. Von dort verkündete man der Welt die Einstellung der Wirtschaftshilfe an Castro (...).«[112] »Die Unterhaltung hatte nichts Geheimes an sich: Wir stießen mit unseren mit Bacardi Rum gefüllten Gläsern vor laufenden Fernsehkameras an.«[113]

Was dabei ins Auge sprang, waren eine Kiste und eine Flasche mitten auf dem Tisch; auf der Kiste prangte der Name des Rums. Der Multi Bacardi hatte für seine Expansion ein großes Stück des Kuchens ergattert, denn begünstigt durch die Bilder, die Fernsehen und Printmedien von diesem Ereignis verbreiteten, war es ihm gelungen, freien Zugang zu diesem immensen Markt zu gewinnen.

Indessen begann im belagerten Cuba eine Periode des Mangels, vergleichbar mit dem, was die Einwohner vieler Länder Europas nach dem Zweiten Weltkrieg erlebt hatten.

»Wenn Blut fließen muss ...«

Das alles war Teil eines gut durchdachten, langfristigen Plans. Gerade in diesen ersten Tagen des Jahres 1990 schickte der Präsident der Fundación, Jorge Mas Canosa, ein Dokument an seine Direktoren, das nur für deren Augen bestimmt war. Darin werden »die taktischen Elemente dargelegt, die bis zum erwarteten Zusammenbruch der kommunistischen Regierung durchgeführt werden sollten«. Was das spätere Vorgehen der Fundación angeht, so kann man sicher sein, dass alles, was auf diesen elf Textseiten angeregt wurde, die Zustimmung des Vorstands fand. Und da einige Bacardi-Aktionäre Teil dieses exklusiven Kerns sind, stellen wir hier einige Abschnitte vor, die dabei helfen können, deren menschliches und politisches Gewissen richtig einzuordnen (kursive Hervorhebungen durch den Autor):

»die politischen und ökonomischen Verpflichtungen in höchstem Maße nutzen, die vom Präsidenten des Auswärtigen Ausschusses des Repräsentantenhauses, Dante Fascell, und weiteren Kongressabgeordneten wie Connie Mack, Larry Smith, Ileana Ros-Lehtinen und anderen mit der FNCA eingegangen wurden, um die Themen vor den Kongress zu bringen, die es ermöglichen, die internationale Isolation Castros zu vertiefen und den Niedergang der Tyrannei zu beschleunigen. (...)

eine Task Force bilden, welche die Kontakte mit dem Nationalen Sicherheitsrat (NSC), der Central Intelligence Agency (CIA) und dem Federal Bureau of Investigation (FBI) systematisiert, um jetzt mehr denn je Politik und Aktionen, die gegen die stalinistische Regierung Cubas entwickelt werden müssen, *einen besseren Informationsaustausch und die zur Verwirklichung unserer Pläne erforderliche wirtschaftliche Unterstützung* zu garantieren. (...)

eine Task Force zu organisieren, die die schon bestehenden Arbeitsbeziehungen mit dem Außenministerium *systematisiert und vertieft*, um gemeinsam *neue Pläne im Bereich der internationalen Politik zu erstellen und zu entwickeln*, die auf die aktuelle Situation zugeschnitten sind. (...)

Wir schrecken vor nichts und niemandem zurück. Wir wünschen es zwar nicht, aber wenn Blut fließen muss, so soll es fließen.«

(Dieser Satz ist im Original fett gedruckt.)

So schließt das Dokument, das auf offiziellem Papier der Fundación geschrieben wurde und auf dessen Briefkopf detailliert die Namen aller Vorstandsmitglieder vermerkt sind, darunter auch die von José Bacardi, Manuel Jorge Cutillas und Clara María del Valle, Aktionäre und Vorstandsmitglieder von Bacardi.

Der Preis für einen Abgeordneten

»Der letzte stalinistische Diktator ist im Begriff zu fallen – nur neunzig Meilen von unseren Küsten entfernt.(...) Keine Macht der Welt kann ihm helfen, dem zu entkommen.«[114] So drückte es der demokratische

Kongressabgeordnete von New Jersey, Robert Torricelli, im Januar
1992 in Florida aus, als er auf Einladung der Fundación vor einem ausgewählten Publikum sprach.

Was war mit Torricelli passiert? Warum dieser radikale politische
Wandel bei jenem Torricelli, der noch vier Jahre zuvor Cuba besucht und
einen Plan zur Annäherung im Gepäck hatte? Der ein eifriger Kritiker
des Exils in Miami und ein Gegner von Radio Marti und der Hilfe an die
Contra war? Man kann davon ausgehen, dass das drohende Ende der
isoliert dastehenden cubanischen Revolution dabei seine Wirkung tat,
denn nun hielt man sich besser an der Seite derer, die in Cuba wahrscheinlich wieder die Macht übernehmen würden. Hierzu passt etwas,
das typisch ist für die Vereinigten Staaten und das die Direktoren der
Fundación so gut zu nutzen gelernt haben: das politische Geschäft.

Es ist nicht ganz richtig, dass die Kandidaten ihr Gewissen verschen-
ken für die cubanisch-amerikanischen Stimmen in Florida oder New
Jersey. Das ist ein wichtiger Faktor, aber nicht der entscheidende: Entscheidend ist die wirtschaftliche Macht dieser Wähler, unter denen die
Hauptfinanziers im Wesentlichen in der Umgebung der Fundación zu
finden sind. »Obwohl die hispanischen Stimmen in Florida nur 7 % der
gesamten Wählerschaft der USA ausmachen, belief sich ihr Beitrag zur
Finanzierung der Wahlkampagnen 1992 auf 15 %.«[115] Dabei muss man
berücksichtigen, dass ein guter Teil der Abgeordneten, die diese finanziellen Zuwendungen erhalten, nicht zu den mehrheitlich cubanisch-
amerikanischen Gemeinden gehört, aber der Anreiz ist immer der gleiche: »Trägt ein Exilcubaner einem Parlamentarier sein Anliegen vor,
dessen Wähler, aus welchem Grund auch immer, kein großes Interesse
am Thema Cuba haben, und bietet er ihm so nebenbei an, seine Finan-
zen aufzubessern, dann ist es nicht sehr schwer, einen Senator oder einen Abgeordneten des Repräsentantenhauses zu überzeugen.«[116]

Die Aktionäre von Bacardi, die der Fundación angehören, oder andere, die in den Vereinigten Staaten oder in Puerto Rico leben, fallen
durch ihre Zuwendungen an Kandidaten der demokratischen oder republikanischen Partei auf, je nachdem, wie das Spiel der Interessen sich
gestaltet, auch wenn sie eine besondere Vorliebe für die letzteren haben.
Die Fundación ihrerseits trug zwischen 1980 und 1990 1.100.000 Dollar

zu den Wahlkampagnen bei, die zum Teil aus den Geldern abgezweigt wurden, die sie vom NED erhalten hatte. Der Kandidat, der in diesem Zeitraum am meisten davon profitierte, war Dante Fascell. Torricelli erhielt für seine 1992er Wahlkampagne Geld von der Fundación in einer Höhe, die ihn zum Mitstreiter und Bannerträger der Konfrontation gegen die cubanische Revolution konvertieren ließ, wie die Presse in den USA hervorhob.[117] Diese Dollars und sicher auch noch andere, die unter dem Tisch gehandelt wurden, waren eine Investition der extremen cubano-amerikanischen Rechten, die Früchte trug, weil der Abgeordnete den Vorsitz des Unterausschusses für Angelegenheiten der Westlichen Hemisphäre des wichtigen Außenpolitischen Ausschusses übernahm.

Warum und wie ein Gesetz verabschiedet wird

Wie Torricelli war sich auch der Abgeordnete Robert Graham sicher, dass die revolutionäre cubanische Regierung jeden Augenblick zusammenbrechen würde. Zwar schon lange mit der Fundación eng verbunden, vervielfachte er in den 90er Jahren seinen Einsatz an ihrer Seite, ohne jedoch die Gelegenheit auszulassen, sich auch mit anderen extremistischen Gruppierungen einzulassen. Graham war der erste, der die Bildung eines Arbeitsausschusses für ein freies Cuba durch die AFL-CIO unterstützte und diese Organisation gleichzeitig daran erinnerte, welch fruchtbare Arbeit sie bei der Unterstützung der polnischen Gewerkschaft Solidarnosc geleistet hatte. In einem Brief, den er an den Präsidenten der AFL-CIO richtete und der auch von seinen Kollegen Dante Fascell und der Cubano-Amerikanerin Ileana Ros-Lehtinen unterzeichnet war, hieß es: »Wir haben mit Ihnen die Hoffnung, dass die AFL-CIO eine ähnliche Rolle in Cuba spielen könnte.«[118] Die AFL-CIO war 1991 die Organisation, die am meisten von den Zuwendungen des NED profitierte. Sie schlug unter anderem vor, subversive Literatur nach Cuba zu schicken und Sendungen über *Radio Martí* auszustrahlen. Auch zwei bekannte Terroristen der Organisation *Alpha 66*, die in Cuba eine Freiheitsstrafe verbüßten, wurden mit Zustimmung Grahams in diese Kampagne einbezogen.[119]

Am 3. Februar 1992 verkündete Robert Graham vor der Presse, die Torricelli-Gesetzesvorlage heiße von dieser Woche an formal Torricelli-Graham-Gesetzesvorlage. Nachdem er dies bekannt gegeben hatte, begann er mit einer Reihe von Besuchen bei konterrevolutionären Organisationen und bei Medien in Miami, denen er den Gesetzentwurf vorstellte. Bei all diesen Zusammenkünften wurde er von einem Vorstandsmitglied der Fundación begleitet.[120]

Derweil stellte Torricelli im Kongress den Entwurf vor. Er führte aus, dass das Gesetz ausgearbeitet worden sei, um die Regierung Fidel Castros noch mehr unter Druck zu setzen und »zahllose« Bindungen zwischen Washington und Havanna zu schaffen, die zu ihrem Sturz führen würden. Er bezeichnete das Gesetz als »ein mächtiges Signal an das Regime in Havanna, dass die USA bereit sind, die Demokratie auf jener Insel herzustellen«.[121] Wie das Leben so spielt, stellten in einer anderen Pressekonferenz am gleichen Tag in der gleichen Stadt die Direktoren der Fundación anderen Gruppen von Persönlichkeiten, Politikern und Informationsmedien den Gesetzesentwurf vor.

Opportunismus im Wahlkampf

Doch Präsident George Bush sen. war nicht mit dem Gesetz einverstanden. Er hatte angekündigt, dass er es nicht unterzeichnen werde, falls es vom Kongress verabschiedet würde. Bereits am 24. April 1992 prophezeite er, dass Fidel Castro ohne die Unterstützung des ehemaligen sozialistischen Lagers bald falle, was es ihm als erstem US-Regierungschef ermöglichen werde, »den Boden eines freien Cuba« zu betreten.

Daraufhin machten die Fundación und ihre Verbündeten einen intelligenten Schachzug. Das Land befand sich mitten im Wahlkampf; eine Zeit, in der viel passieren kann, weil alles und jedes ge- und verkauft wird und man selbst für die verworrensten und gefährlichsten nationalen und internationalen Vorhaben Unterstützung findet. Sie wandten sich an den Kandidaten William Clinton. Als dieser, auf die Gesetzesvorlage angesprochen, öffentlich ein schlichtes »sie gefällt mir« von sich gab, ohne sie auch nur gelesen zu haben, führte das in Miami zu Triumphgeschrei, bei vielen Kongressabgeordneten zu Übelkeit und bei Präsident Bush zu Kopfzerbrechen. Clinton machte seine Rundreise durch die cubanischen Viertel in Miami, bekräftigte seine Unterstützung für das Gesetz und sammelte Dollars für seine Wahlkampagne.[122]

Mit dieser Situation konfrontiert, schickte Präsident Bush dem Repräsentantenhaus einen Brief, in dem er seine Unterstützung des Gesetzentwurfes bekannt gab. Mit einem Opportunismus, der seinesgleichen sucht, setzte er dann, ohne die Verabschiedung des Gesetzes abzuwarten, auf dem Weg einer präsidialen Anordnung einige Sanktionen gegen Cuba in Kraft, die im Torricelli-Graham-Entwurf enthalten waren. Am 23. Oktober 1992 reiste Präsident George Bush nach Miami. Dort unterzeichnete er im Beisein von diversen Mitgliedern der Fundación Nacional Cubano Americana und in Begleitung von führenden Unternehmern das Gesetz mit dem zynischen Namen »Cuban Democracy Act« (Gesetz für die Demokratie in Cuba).

Die Auswirkungen des Gesetzes

Der Kongressabgeordnete Connie Mack war nicht nur jemand, der dem Gesetz seine Zustimmung entgegenbrachte, sondern man kann sagen, dass er der dritte Verantwortliche für dessen Entstehung war. Er hatte schon früher, im Jahre 1991, ein Amendment vorgelegt, das den Handel von US-Tochterunternehmen mit Cuba verhindern sollte, eine Idee, die dank Torricelli und Graham Gesetz wurde. Als Präsident Bush den »Cuban Democracy Act« unterzeichnete, war eine von Macks ersten Stellungnahmen: Castro »muss wissen, dass wir ihm die Macht entreißen, indem wir das Handelsembargo verschärfen. (...) Aber was noch entscheidender ist, (das Gesetz) stellt die Spielregeln für die Periode des Übergangs in ein Cuba ohne Castro auf.«[123]

Trotzdem waren nicht alle Cubaner in den USA der gleichen Meinung, was dieses Gesetz angeht. »Einige Exilcubaner argumentierten, dass dies ein neues Platt-Amendment sei mit der Absicht, Cubas Schicksal weit über den Sturz Castros hinaus zu kontrollieren.«[124] Charles Rangel, demokratischer Kongressabgeordneter von New York, nannte

es »ein Hirngespinst der Exilcubaner, die sich nach den Tagen des Diktators Fulgencio Batista sehnen«.[125] Das ging insbesondere gegen die
Bacardi-Aktionäre, die das Gesetz unterstützten.

Die drei zitierten Äußerungen verdeutlichen die beiden Hauptanliegen der Initiatoren Torricelli und Graham. Doch kaum begann man im
Februar 1992 von dem Gesetz zu sprechen, als es auch schon international auf Ablehnung stieß; dies geschah allerdings nicht so sehr wegen der
Aggression gegen ein Land, dem bereits das Wasser bis zum Hals stand.
Europa und Kanada äußerten ihr Missfallen vielmehr hauptsächlich
deshalb, weil das Gesetz gegen internationale Handelsabkommen ver-
stieß. Die Absicht, Geschäfte von US-Niederlassungen in anderen Ländern mit Cuba zu verhindern, war der zentrale Kritikpunkt. Einige US-
Zweigniederlassungen befanden sich in einem Dilemma, das nicht zu
lösen war: Das Gesetz verbietet den Handel mit Cuba und die ausländischen Gesetze verbieten, wie im Falle Kanadas und Englands, Auflagen aus den USA Folge zu leisten. Pam Chappel, die Sprecherin der
kanadischen Botschaft in Washington, drückte es so aus: »Die Vereinigten Staaten sind das einzige Land, das (...) versucht, seinen langen Arm
weit über seine Grenzen hinaus auszustrecken.«[126]

In den Vereinten Nationen versuchten die USA, das Inkrafttreten des
Gesetzes damit zu begründen, dass die cubanische Regierung eine Gefahr für ihre Sicherheit sei und daher beseitigt werden müsse. Diese
Rechtfertigung wurde von fast allen Ländern zurückgewiesen. Sie sahen
dieses Gesetz als juristisch nicht akzeptabel an, da es extraterritoriale
Maßnahmen enthalte, die die Souveränität anderer Staaten beeinträch-
tigten; indem diese Maßnahmen einseitig angewandt würden, behinder-
ten sie die Freiheit des Handels und der Schifffahrt; dies stelle eine neue
Etappe in der protektionistischen Strategie der USA dar, ihre Produkte
zu schützen; etc.[127]

Angesichts dieses Hagels an Kritik versuchte die US-Regierung, die
konfliktträchtigsten Teile einzufrieren oder darüber zu verhandeln.
Währenddessen sagte der Abgeordnete Torricelli mit der Arroganz und
dem annexionistischen Gehabe, das alle auszeichnet, die dieses Gesetz
unterstützen: »Kanada und Mexiko haben sich an Cuba verkauft, um
den Vereinigten Staaten gegenüber ihre Unabhängigkeit zu proklamie-

ren, die auf einer dummen Vorstellung von Souveränität beruht. Aber Cuba ist nicht China: Es ist klein, viel weniger mächtig und es lebt im Schatten der Vereinigten Staaten (...).«[128]

Kapitel 10
Eine Absurdität: das Helms-Burton-Gesetz

Jesse Helms und Dan Burton

»Stellen wir eines klar: Ob Castro Cuba in einer vertikalen oder in einer horizontalen Lage verlässt, ist sein Problem und das der Cubaner. Aber er muss gehen und er wird gehen.«[129] Es war schon nicht mehr Robert Torricelli, der das sagte. Drei Jahre nach Torricelli trug dies in einem noch aggressiveren Ton als jener der Republikaner Jesse Helms vor, einer der reaktionärsten Senatoren, die der Kongress der Vereinigten Staaten jemals gehabt hat. Der Tabak-Senator, wie er wegen seiner Beziehungen zu dem Multi Philip Morris genannt wird, ist ein alter Freund der extremen cubanisch-amerikanischen Rechten. Vergessen wir nicht, dass die Representación Cubana en el Exilio des Bacardi-Magnaten José *Pepín* Bosch ihn bereits 1972 bei einer Kundgebung in Miami als Redner auftreten ließ.

Schon oft wurde auf Helms‹ enge Beziehung zur Fundación hingewiesen, die er seit deren Gründung unterhielt. Die Diktaturen und repressiven Regierungen im Süden und in der Mitte des amerikanischen Kontinents konnten auf seine offene und entschiedene Unterstützung zählen. Die Verachtung, die er gegenüber der Mehrheit der Bewohner der armen Länder empfindet, wurde deutlich, als er ausrief, dass man das Geld, das sein Land als Entwicklungshilfe gebe, genauso gut gleich in den Ausguss schütten könne.[130]

Dan Burton, ein Republikaner aus Indiana, wurde – ohne dass er seinen höheren Schulabschluss geschafft hätte – Abgeordneter dank finanzieller Unterstützung von Unternehmerseite. Mit John Singlaub, einem ehemaligen hohen Militär, teilte sich Dan Burton den Vorstand in der National Defence Council Foundation. Dieser 1978 gegründete *think tank* hatte die Aufgabe, über die »Vorteile« der so genannten »Low Intensity Conflicts« zu forschen und Beratungen durchzuführen. Diese Counter-Insurgency-Strategie wurde in verschiedenen Ländern Lateinamerikas praktiziert, obwohl dort gar keine Guerilla-Bewegungen existierten, und sah in der Unterdrückung der Zivilbevölkerung ihr wichtigstes Ziel. Der Abgeordnete Burton war außerdem Mitglied in The Conservative Caucus, einem der wichtigsten Zentren reaktionären Denkens, dessen Vorstand er zusammen mit Jesse Helms und den pro-faschistischen ehemaligen hohen Militärs Daniel Graham und J. Singlaub angehörte. Der Name Burton ging um die Welt, als er 1991 während des Golfkriegs im Kongress beantragte, Atombomben auf den Irak zu werfen.[131]

Ein Gesetz aus Stückwerk

Dan Fisk, ein Mitglied der Heritage Foundation, hatte bereits im Außenministerium und im Auswärtigen Ausschuss der Republikanischen Partei gearbeitet, als er Jesse Helms‹ Assistent wurde. Die nahezu einzige Aufgabe, mit der ihn der Senator 1994 betraute, bestand darin, alle gegen Cuba gerichteten Gesetzesvorhaben zu überprüfen, die irgendein Kollege in den letzten Jahren dem Kongress vorgelegt hatte, und das waren nicht wenige.[132] Fisk sammelte schnell alle von Torricelli, von den Cubano-Amerikanern Lincoln Diaz-Balart, Robert Menéndez, Ileana Ros-Lehtinen und anderen Abgeordneten verfassten Vorlagen. Parallel dazu beauftragte man Fisk, einer besonderen Arbeitsgruppe vorzustehen, die sich aus den wichtigsten Assistenten dieser Abgeordneten sowie jenen von Dan Burton, Robert Graham und Connie Mack zusammensetzte.[133] Von da an hielt dieser Kreis regelmäßige Treffen ab, die ein klar formuliertes, wenn auch nicht ganz einfaches Ziel hatten: einen Gesetzentwurf zu erstellen, der aus Teilen der anderen Vorlagen zusammengesetzt war.

Im Dezember 1994 verließ die erste Version das Büro von Jesse Helms. In den darauf folgenden zwei Monaten erfuhr das Projekt zahlreiche Änderungen, die hauptsächlich von Rechtsanwälten aus Washington und Miami durchgeführt wurden, die die Fisk-Gruppe schon vorher unterstützt hatten. Zufälligerweise arbeiteten diese für einen besonderen

Klienten, für den das Gesetz, falls es verabschiedet würde, von allergröß-
tem Nutzen wäre.[134]

Der Kampf beginnt

Im Januar 1995 wurde öffentlich bekannt, dass die Kongressabgeordneten, die mit Helms und Burton zusammen an der Gesetzesvorlage arbeiteten, enge Verbindungen zur extremen cubano-amerikanischen
Rechten unterhielten, hauptsächlich weil dies sich positiv auf ihre Fi-
nanzen auswirkte. Im Februar stellte Helms in einer Pressekonferenz
den Gesetzesentwurf vor – sein erster großer Auftritt als Vorsitzender
des mächtigen Auswärtigen Ausschusses. Mit Robert Graham an seiner
Seite wiederholte Helms: »Wir haben aufgrund unserer Prinzipien und
wegen des cubanischen Volkes die Pflicht, den Druck auf Castro zu verstärken, bis das cubanische Volk frei ist.«[135]

In diesem Augenblick begann ein langer und harter Kampf, und es
gibt nur wenige, die sich daran nicht beteiligen.

Präsident Clinton brachte seine Vorbehalte zum Ausdruck, obwohl
er während seiner Wahlkampagne öffentlich eine positive Haltung zu
erkennen gegeben hatte. Sicher ist, dass er zunächst die Tragweite des
Projektes nicht erkannt hatte und sich jetzt mit den Folgen seines falschen
wahlopportunistischen Kalküls auseinandersetzen musste. Wenn schon
das Torricelli-Graham-Gesetz Probleme mit den europäischen Verbündeten, Kanada und Mexiko gebracht hatte, so konnte ihm das Helms-
Burton-Gesetz einen absurden und unnötigen weltweiten Handelsstreit
einbrocken. Außerdem wusste Clinton jetzt, dass das Gesetz darauf
abstellte, innerhalb Cubas »den Effekt eines Dampfkochtopfes« mit ge-
schlossenem Ventil zu erzielen. Seine Besorgnis teilte er mit anderen
wichtigen Sektoren der US-Gesellschaft, die zwar mit dem politischen
System Cubas nicht einverstanden waren, sich aber ausrechneten, dass
die Anwendung des Gesetzes ein paar Kilometer vor ihrer Küste kata-
strophale Auswirkungen haben könnte: »Das Elend des cubanischen
Volkes würde sich verschlimmern, die Möglichkeit von Unruhen und
Gewalt würde zunehmen, was eine Intervention der Cubano-Amerika-

ner zur Folge haben könnte und eine US-Intervention nicht ausschließen würde. Ein Albtraum-Szenario.«[136]

Angesichts der zögerlichen Haltung des Präsidenten lassen ihm die Abgeordneten Helms und Mack einen Offenen Brief zukommen, in dem es unter anderem heißt: »In dieser Woche hat der Senat der Vereinigten Staaten aufgrund von Berichten in Erfahrung gebracht, dass Ihre Regierung Vorschläge in Betracht zieht, den Druck auf die Castro-Diktatur zu lockern und den Cuban Liberty and Democratic Solidarity Act zu überprüfen. (...)

Wenn Sie wirklich in Betracht ziehen, die Position der USA gegenüber dem Castro-Regime aufzuweichen, weisen wir Sie mit allem Respekt darauf hin, dass wir dagegen sind. Wir werden uns Ihnen mit allen uns zur Verfügung stehenden Mitteln entgegenstellen. Falls Sie einen derartigen Wechsel in der Politik nicht erwägen, ist es erforderlich, dass Sie dies sofort und klar zum Ausdruck bringen. Die wirksamste Art, jeglichen Zweifel über Ihre Position auszuräumen, besteht darin, den Cuban Liberty and Democratic Solidarity Act zu unterstützen (...).«[137]

Der Streit erreicht Europa

Im April 1995 wurde die Helms-Burton-Gesetzesvorlage vom Unterausschuss für Auswärtige Angelegenheiten für die Westliche Hemisphäre (Subcommittee for Western Hemisphere Affairs) des Repräsentantenhauses unter Vorsitz von Dan Burton verabschiedet. Ohne eine schlüssige politische Argumentation sagte Burton in seiner aggressiven Begründung, dass mit Fidel Castro Handel zu treiben dasselbe sei »wie mit Stalin, Hitler, Ceaucescu oder Honecker zusammenzuarbeiten«. Der Abgeordnete fügte hinzu, dass »die Unternehmen, die das Embargo missachten und mit Castro Geschäfte machen, alles bis auf ihr Unterhemd verlieren werden, wenn dieses Land (Cuba; d. Übers.) frei ist. Darüber müssen sie sich im Klaren sein.«[138]

Präsident Clinton mangelte es im Verlaufe seiner Amtszeit an Persönlichkeit und Autorität, um den reaktionären Teilen des Kongresses Paroli zu bieten; deswegen erstaunt es auch nicht, dass er sich damals an die Europäische Union wandte und sie darum bat, die Kongressabgeordneten seines Landes »zu überzeugen«, das Helms-Burton-Gesetz abzulehnen. Daraufhin erklärte der EU-Kommissar für Außenhandel, Leon Brittan, gegenüber US-Außenminister Warren Christopher, dass die Annahme dieses Gesetzes »unsere lang andauernden Differenzen über einseitige und extraterritoriale Aspekte wieder aufleben lassen würde, da es sich direkt auf die Handelsinteressen der EU auswirken würde«.[139]

Es ist nicht bekannt, ob die Bitte Clintons ihre Wirkung hatte. Sicher ist, dass wenige Tage später, in der zweiten Aprilhälfte, die *New York Times* berichtete, dass Kanada, Frankreich und Großbritannien mit einer ungewöhnlichen Kampagne begonnen hätten, mit der sie zur Blockierung des Vorhabens aufriefen. Sie argumentierten, dass dieses Gesetz unangemessenen Druck auf andere Länder ausübe, damit sie sich der Politik Washingtons unterordneten. Die Europäische Union als solche aber beschränkte sich auf schüchterne Erklärungen.

Die Intoleranz

Angesichts der Probleme, die die so genannte Balsero-Krise den USA machte, als die Leute auf allem, was schwamm, zu emigrieren versuchten, um der schwierigen wirtschaftlichen Situation, die Cuba durchlebte, zu entkommen, musste Präsident Clinton die Migrationsverhandlungen mit der cubanischen Regierung wieder aufnehmen. Das war ein Beweis dafür, dass er sich seiner Verantwortung für die Krise bewusst war.

Die konservativen Cubaner in Miami reagierten hektisch darauf. Sie folgerten, dass die Migrationsfrage Teil eines geheimen Planes sei, den Clinton sich mit Havanna ausgedacht habe. Es bestehe die Möglichkeit, so glaubten diese Leute, dass der Regierungschef eine teilweise Aufhebung der Blockade vorbereite, wie es zuvor mit Vietnam geschehen war. Organisationen wie die Fundación Nacional Cubano Americana und die des Terroristen Orlando Bosch riefen daraufhin zu einem »großen patriotischen Streik« in Geschäften, Unternehmen und Fabriken auf.[140] In Kommuniqués fordern sie von der US-Regierung, die Repatriierung der

»Balseros« einzustellen und die Verhandlungen mit Havanna sofort zu beenden. Besonders die folgenden zwei Punkte enthüllen erneut ihren gewalttätigen und pro-annexionistischen Charakter. Sie fordern »die Tolerierung der Organisation militärischer Aktionen gegen die Regierung Fidel Castros« und die »Annullierung der Vereinbarung, nicht in Cuba einzumarschieren, die während der Raketenkrise 1962 mit der ehemaligen Sowjetunion getroffen wurde.«

Angesichts des Streikaufrufs gab Xiomara Lindner, die Assistentin von Rodolfo Ruiz, dem Präsidenten von Bacardi Imports, bekannt: »Wir werden jede Art von Aktion unterstützen, die notwendig ist.«[141] Zur gleichen Zeit reisten tausend Leute von Miami nach Washington, um vor dem Weißen Haus zu protestieren. Sie trugen Plakate, auf denen zu lesen war, dass Clinton auf der Seite des Kommunismus stehe. Der kurz zuvor entstandene Bacardi-Martini-Konzern stellte mehrere Busse für den Transport der Demonstranten zur Verfügung.[142]

»Ein emotionaler Akt«

Einer, der mit am meisten von der so genannten Balsero-Krise profitierte, war der Cubano-Amerikaner José Basulto, ein Söldner der Brigade 2506, CIA-Mann und Berater der nicaraguanischen *Contra*. Basulto gründete zusammen mit Billy Schuss, einem anderen CIA-Veteranen, der auf Infiltrationen und Kommandoattacken spezialisiert ist, die Organisation »Hermanos al Rescate« (HAR; »Brüder zur Rettung«; d. Übers.).[143] Angeblich war es die Absicht der HAR, von Flugzeugen aus die Balseros zu orten, die verirrt in der Meerenge von Florida trieben. Basulto und Schuss konnten dafür mit Zuschüssen rechnen, die unter anderem von der Fundación Nacional Cubano Americana und American Airlines kamen, aber auch von Gloria Estéfan und ihrem Ehemann Emilio, die zum Bacardi-Clan gehören.[144] Bacardi Import seinerseits veranstaltete im April 1994 eine Geldsammlung zugunsten der »Hermanos al Rescate« in der Galería Bacardi in Miami, wobei 72.937 Dollar zusammenkamen.[145] Retteten die »Hermanos al Rescate« auch einige Leben, so entwickelten sie dahinter einen genau durchdachten Plan, der gar nichts Altruistisches an sich hatte. Basulto und seine Leute verletzten mit kleinen Flugzeugen unter US-Flagge systematisch den cubanischen Luftraum und kamen damit sogar bis nach Havanna, wo sie Tausende von Pamphleten abwarfen, in denen sie zu zivilem Ungehorsam und zum Aufstand aufriefen – bis am 24. Februar 1996 die Revolutionäre Luftwaffe zwei Flugzeuge abschoss.[146]

Am 12. März ratifizierte Clinton »in einem rein emotionalen Akt«[147] den »Cuban Liberty and Democratic Solidarity Act« von 1996, besser bekannt als Helms-Burton-Gesetz. Durch den Abschuss der kleinen Flugzeuge »bekam das Helms-Burton-Gesetz einen solchen Auftrieb, dass Clinton nichts mehr dagegen tun konnte. Er beschloss, es zu unterzeichnen, obwohl es den Geschäftsleuten seines Landes sehr missfiel, dass die Politiker ihre Spielräume einschränkten«.[148] So sieht es John Kavulich, der Präsident des US-Handels- und Wirtschaftsrates, der rund hundert US-Firmen vertritt.

Die Titel I und II

Für Cuba sind Inhalt und Zielsetzung des Helms-Burton-Gesetzes einfach eine moderne Version dessen, was die USA sich schon seit Beginn des 19. Jahrhunderts für die Insel ausgedacht hatten. 1823 schrieb der damalige Außenminister John Quincy Adams, dass es »fast unmöglich ist, sich der Überzeugung zu widersetzen, dass die Einverleibung Cubas in unsere föderale Republik unerlässlich für den Fortbestand und die Integrität der Union selbst ist«.

Das Helms-Burton-Gesetz besteht aus vier Titeln. Die beiden ersten führen aus, was die cubanische Nation machen muss, damit die Vereinigten Staaten sie für demokratisch erklären und wieder normale Beziehungen mit ihr unterhalten können. Selbst ohne tiefer gehende Analyse kann man feststellen, dass der Text in seiner Zielsetzung so eindeutig ist, dass weder die Gesetze noch die Verträge, die die Europäer ihren Kolonien in Afrika auferlegten, so viel Arroganz und Mangel an Respekt gegenüber einer souveränen Nation, die von fast allen Staaten anerkannt wird, aufweisen wie dieses Gesetz.

Kurz zusammengefasst besagt es, dass der so genannten inneren Dissidenz, die weitaus mehr Unterstützung und Finanzmittel aus Washington bekommen werde als bisher, der größtmögliche Spielraum eröffnet werden müsse. Die ganze politische Führung müsse verschwinden, genauso wie die Kommunistische Partei, die Basisorganisationen und alles, was irgendwie mit dem gegenwärtigen System zu tun habe. Wenn das geschehen sei, beginne eine Etappe des Übergangs, die so lange dauern könne, wie es nötig sei, um eine neue Art von Staat und Gesellschaft nach dem Geschmack des Präsidenten der Vereinigten Staaten zu errichten, denn nur er werde entscheiden, ob die Demokratie Cuba erreicht habe.

Der letzte und ausschlaggebende Beweis für den Anbruch der Demokratie werde es sein, wenn ihm die mit dem »Übergang« beauftragten Personen seines Vertrauens bestätigten, dass die US-Firmen und -Bürger ihr gesamtes nationalisiertes Eigentum zurückbekommen hätten oder dass sie dafür entschädigt worden seien. Dies bezieht sich auch auf die cubanisch-amerikanischen Magnaten. Eine seltsame Art, Demokratie zu messen.

Der Stein des Anstoßes

Obwohl eigentlich die ersten beiden Titel des Helms-Burton-Gesetzes die Souveränität Cubas in besonders schwer wiegender Weise angreifen, richtete sich der geballte internationale Protest gegen die Titel III und IV.

In einer sehr wirren Sprache warnt Titel III jeden, der »konfisziertes Eigentum verkauft, transferiert, verteilt, aufteilt, verändert, verwaltet oder auf irgendeine Art veräußert oder konfisziertes Eigentum kauft, verpachtet, erhält, besitzt, kontrolliert, verwaltet, benutzt oder auf irgendeine Art erwirbt oder Interesse daran zeigt. Wer an einem Geschäft beteiligt ist, bei dem konfisziertes Eigentum benutzt wird, oder auf irgendeine Weise davon profitiert (...)«, der, so warnt der Artikel, begeht »trafficking« (wird also zum »Dealer«, »Schieber«, »Profiteur illegaler Geschäfte«, Anm. d. Übers.).

Das ist ein Begriff, der bis dato eine gewöhnliche Straftat bezeichnete. Und so könnten zum Beispiel englische Investoren von US-Firmen oder Privatpersonen, deren Eigentum »illegal konfisziert wurde«, wegen »trafficking« vor ein US-Gericht gebracht werden.

In Cuba wurde das Eigentum durch einen rechtsstaatlichen Vorgang konfisziert und verstaatlicht, gemäß internationaler Bestimmungen, die noch immer gültig sind und auch von den Vereinigten Staaten unterzeichnet wurden. Deswegen haben auch alle davon betroffenen ausländischen Firmen und Privatpersonen mit der cubanischen Regierung Entschädigungsvereinbarungen unterzeichnet. Die einzige Ausnahme sind die Vereinigten Staaten. Ein in Investitionsangelegenheiten erfahrener Anwalt stellt fest: »Die Regierung, die 1959 aus der Revolution hervorging, war rechtmäßig und international anerkannt, und sie führte die Enteignungsmaßnahmen in Übereinstimmung mit den damals in Cuba gültigen Gesetzen durch (und ohne dass die Revolution bereits zur sozialistischen erklärt worden wäre). So erkennt das internationale Recht als eines seiner Prinzipien das *lex rei sitiae* an, welches besagt, dass die Eigentumsregelungen bestimmt würden vom Gesetz desjenigen Territoriums, auf dem sich das betreffende Gut befinde. So hat es auch das Oberste Bundesgericht der Vereinigten Staaten 1964 in seinem Urteil Cubanische Nationalbank gegen Peter F.L. Sabbatino festgehalten, indem es die Doktrin des souveränen Staates anwandte, aufgrund derer die nordamerikanischen Gerichte nicht entscheiden könnten über die Gültigkeit der von einer ausländischen – in diesem Fall der cubanischen – Regierung durchgeführten Enteignungen von Eigentum, das sich auf demjenigen Gebiet befindet, über das besagte ausländische Regierung ihre Souveränität ausübt (...).«[149]

Aus diesem Grund verletzt das Helms-Burton-Gesetz nicht nur internationale Vereinbarungen, sondern auch die US-Gesetze selbst.

Auf Drängen von Helms wurden jene Punkte, die sich auf die Wiedererlangung nationalisierten Eigentums bezogen, von der Arbeitsgruppe, die das Gesetz formulierte, besonders hervorgehoben. Diese Gruppe hatte folgenden Einfall: Wenn doch die US-Gesetzgebung ihren Bürgern, die im Ausland Opfer von Folter geworden waren, gestattete, vor US-Gerichten gegen Angehörige anderer Staaten Klage zu erheben, so müssten doch diejenigen, deren Eigentum konfisziert oder nationalisiert wurde, das gleiche Recht haben. Dan Fisk, der Sprecher der Gruppe, erklärte in einer Pressekonferenz: »Ich glaube, dass wir mehr zum Schutz der Meeresflora tun als für die Rechte derer, die enteignet wurden.«[150]

Fisk, Helms und die anderen Befürworter des Gesetzes hatten die Stirn zu behaupten, dass das Recht auf Eigentum und das Recht auf Nichtenteignung von Gütern, das die Unternehmen und die wohlhabenden Bürger der Vereinigten Staaten besitzen, Gegenstand einer Erweiterung der Erklärung der Menschenrechte werden müssten.

Der Titel IV verbietet allen, die sich des »trafficking« schuldig machen, den Zugang zum Territorium der Vereinigten Staaten: Direktoren von Unternehmen, Beratern, deren Familienangehörigen etc., unbenommen, dass viele Gesellschaften, die in Cuba investieren, dies auch in den USA tun. Dieser Titel IV kann vom Präsidenten der Vereinigten Staaten weder aufgehoben noch verhandelt werden. Mit dem Titel III eröffnete der Kongress die Möglichkeit, ihn zeitweise auszusetzen, sofern das Motiv dafür in irgendeiner Form der Verstärkung des Drucks auf die cubanische Regierung dienen sollte. Es ist das erste Mal, dass dem Chef des Weißen Hauses die Macht entzogen wurde, über die Außenpolitik zu bestimmen.

Verhandlungen im Schatten

Kaum war das Gesetz von Präsident Clinton ratifiziert, da signalisierte Jesse Helms in einem Ende 1996 für Global View Point geschriebenen Artikel, der in verschiedenen Medien der USA und Europas erschien, auf wenig diplomatische Weise, dass »(...) die Drohung der Auseinandersetzungen über den Köpfen von Castros Handelspartnern schwebt wie das Fallbeil der Guillotine, und früher oder später wird dieses Beil fallen (...). All jene, die »trafficking« begehen, müssen den Anstand haben, sich hinzusetzen, den Mund zu halten und mit den falschen Beschuldigungen aufzuhören, die USA seien schlechte Nachbarn oder Verbündete. Sie sind es nämlich, die schlechte Nachbarn sind, und sie verdienen weder Sympathie noch Respekt.«

Und so geschah es. Schon wenige Tage nach seinem Inkrafttreten
waren die Auswirkungen des Gesetzes zu spüren. Der Vorstand und die
Aktionäre der italienischen Firma Stet, der mexikanischen Firma Domos
und der kanadischen Firma Sherrit erhielten Schreiben der US-Regierung. Darin wurde ihnen gedroht, man werde ihnen die Einreisevisa für
die USA verweigern, wenn sie nicht aufhörten, mit in Cuba nationalisiertem Eigentum »illegale Geschäfte« zu machen. Die gleiche Einschüchte-
rung erfuhren später die israelische Landwirtschaftsfirma BM, das spanische Tourismusunternehmen Sol-Melia und der französische Geträn-
kekonzern Pernod-Ricard. In dem Jahr, als das Gesetz in Kraft trat, droh-
te das US- Außenministerium 25 Unternehmen in elf Ländern.

Um den Sturm abzuschwächen, der über ihm tobte, versuchte Präsident Clinton Ende 1996, mit der Europäischen Union zu einer Übereinkunft zu gelangen, wobei ihm die von José María Aznar geführte
spanische Regierung als Vermittler diente. Dass die Wahl auf Aznar fiel,
war kein Zufall. Dieser hatte enge Beziehungen zur extremen Rechten
in Miami. Sie gingen so weit, dass er bei einer Rundreise, die ihn in seiner Eigenschaft als spanischer Präsidentschaftskandidat nach Miami,
Costa Rica und El Salvador führte, das Flugzeug der Fundación Nacional Cubano Americana benutzte.[151]

Von daher ist es nicht erstaunlich, dass Aznar im November 1996 der
Europäischen Union einen Text vorlegte, der in einem Maße die US-
Position gegenüber Cuba widerspiegelte, dass die spanische Tageszei-
tung El Pais mit der Schlagzeile herauskam: »Spaniens Vorschlag an die
Fünfzehn zu Cuba – genaue Kopie der US-Forderungen an die EU«. Der
Text wurde von der Europäischen Kommission in Rekordzeit und ohne
größere Änderungen verabschiedet. Er unterstützte die von den USA
angestrebte Strategie, Cuba politisch, finanziell und ökonomisch unter
Druck zu setzen, um den »Weg zur Demokratie« zu eröffnen.

Auf Kosten Cubas arbeitete die Europäische Union mit Clinton
zusammen, damit dieser den Titel III zeitweise außer Kraft setze.

Im Oktober 1996 versuchte die Europäische Union etwas von ihrem
Selbstwertgefühl zurückzugewinnen und klagte vor der Welthandelsor-
ganisation gegen die Vereinigten Staaten. Diese Klage basierte auf der
Illegalität des Helms-Burton-Gesetzes, das im Widerspruch zu interna-

tionalen Regelungen über den freien Handel stand und sogar dem entgegenstand, was die USA selbst in internationalen Institutionen durchgesetzt hatten. Hierauf antworteten die Vereinigten Staaten, dass sie im Falle einer Verurteilung durch die WTO auf eine der Klauseln dieser Organisation zurückgreifen würden, die es ihnen erlaube, die Entscheidung nicht zu akzeptieren, weil sie eine Gefahr für ihre »nationale Sicherheit« darstelle. Wie Experten zugeben, ist es schlicht absurd, sich auch nur vorzustellen, dass die WTO die USA in eine derartige Lage bringen könnte.

Der Mut der Europäischen Union hielt nicht lange an. Im April 1997 zog Leon Brittan, vom Europäischen Ministerrat unterstützt, die Klage vollständig zurück.

Das war zu der Zeit, als die neunundzwanzig reichsten Nationen der Welt unter völliger Geheimhaltung mit der OECD über ein internationales Investitionsprojekt verhandelten, das so genannte MAI. Und bei diesen MAI-Verhandlungen wurde bereits nicht mehr über die Implikationen des Helms-Burton-Gesetzes diskutiert, ganz im Gegenteil. Man entnahm daraus die Kernpunkte und bezog sie auf den Schutz von Investitionen jenes exklusiven Clubs von Ländern überall auf der Welt, d. h. man diskutierte, wie man den Staaten die Möglichkeit verweigern kann, ihr Eigentum zu konfiszieren und zu nationalisieren.

Das Birmingham-Abkommen

Die Investitionen, die europäische Unternehmen in Cuba tätigten, waren jedoch weiterhin ein Streitpunkt zwischen den USA und der Europäischen Union. Am 18. Mai 1998 kam man zu einer Übereinkunft, mit der beide Seiten zufrieden waren – dem Birmingham-Abkommen. Die wichtigsten Punkte dieser Übereinkunft machen deutlich, auf welch beschämende Weise die Internationalisierung der Blockade gegen Cuba akzeptiert wird, obwohl die Mehrheit der Staaten in den Vereinten Nationen kontinuierlich dagegen stimmt. Die EU erkennt offiziell die Unrechtmäßigkeit der Verstaatlichung von US-Eigentum in Cuba an, wenn eine von ihr eingesetzte Kommission in Washington die Arbeit der Gruppe »überwacht«, die dafür zuständig ist, Regressansprüche im Ausland geltend zu machen.

Dabei fällt auf, dass die Europäische Union auf einmal Unregelmäßigkeiten bei den Enteignungen und Verstaatlichungen feststellt, die den europäischen Ländern nicht aufgefallen waren, als sie seinerzeit ein Entschädigungsabkommen mit Havanna ausgehandelt hatten. Völlig unbegreiflich ist zudem, dass die Entscheidung getroffen wurde, ohne den anderen direkt betroffenen Teil, der auf der Anklagebank sitzt, zu konsultieren, nämlich Cuba.

Die Außenministerin Madeleine Albright ließ Jesse Helms am 3. August 1998 eine Mitteilung zukommen, in der sie den mit dem Birmingham-Abkommen erzielten Triumph kommentiert. Darin heißt es:

»(...)[D]ie Europäische Union hat offiziell die Unrechtmäßigkeit der Enteignung von US-Besitz anerkannt. Diese Anerkennung ist direkter Bestandteil des Abkommens. Es ist dies eine außerordentliche Bestätigung der Prinzipien, die die Grundlage des ›Cuban Liberty and Democratic Act‹ bilden (...); durch das Abkommen wird eine Art Filter geschaffen, der garantiert, dass Investitionen in Eigentum, das unrechtmäßig enteignet worden sein könnte, keine Unterstützung oder kommerziellen Beistand erfahren werden. Wenn wir erst einmal die Europäische Union über die Existenz eines solchen Vorgangs informieren, wie dies bereits im Falle Cubas geschehen ist, wird sie in enger Beratung mit uns diesen Filter anwenden.(...) Die Übereinkunft zwischen den Vereinigten Staaten und der EU wird den Schutz für alle US-Bürger verstärken, die illegal enteignet worden sind. Darin eingeschlossen sind die Forderungen der inzwischen eingebürgerten Cubano-Amerikaner (...); wenn die Europäische Union ihre Verpflichtungen nicht erfüllt, wird der ›Cuban Liberty and Democratic Act‹ weiterhin ein mächtiges Instrument sein, um unsere politischen Ziele durchzusetzen. Sie haben mein Wort, dass, wenn das Abkommen nicht eingehalten wird, ich nicht zögern werde, die Aussetzung des Artikels IV aufzuheben. (...) Es ist wichtig, dass wir diese einmalige und historische Chance, die Ziele des ›Liberty and Democratic Act‹ durchzusetzen, nicht verpassen, um weiter gefasste und neue Schutzmaßnahmen für die Eigentumsrechte der US-Bürger in Cuba und auf der ganzen Welt zu errichten (...).«

Kapitel 11
›The Bacardi Claims Act‹

Ein Gerücht nimmt Gestalt an

»Im Februar gab das Miamier Büro der Anwaltskanzlei Kelley und Warren eine Meldung an die Presse, in der die Mitarbeit eines seiner Anwälte, Ignacio Sánchez, an der ›Herausgabe und den Kommentaren‹ der Helms-Burton-Gesetzesvorlage lobend erwähnt wurde. (...)«[152]

Diese Pressenotiz hätte in einem Ambiente wie dem Miamis, wo die Imagepflege wichtiger ist als jegliche Berufsethik, unbemerkt zur Seite gelegt werden können, aber dieses Mal war es nicht so. Mit ihr trat erstmals ein Gerücht ans Licht, das sich seit Tagen auf den Fluren und in den Büros von Washington, Miami und New York verbreitete. Seit Jesse Helms öffentlich seine Gesetzesvorlage präsentiert hatte, waren erst ein paar Stunden vergangen. Clinton erhielt gerade die ersten beunruhigenden Reaktionen aus dem In- und Ausland.

Angesichts der Lawine von Kritiken und Befragungen seitens vieler Informationsmedien, Organisationen und politischer Persönlichkeiten sah sich Sánchez gezwungen, die Pressenotiz als Übertreibung der Öffentlichkeitsabteilung seiner Kanzlei darzustellen, und er versuchte gleichzeitig, die Sache herunterzuspielen.[153]

Kein gewöhnliches Mittagessen

Am Montag, dem 17. April 1995, als die Gesetzesvorlage gerade vom »Subcommittee of Western Hemisphere Affairs« des Repräsentantenhauses verabschiedet worden war, tauchte Helms in Miami auf. Als Ehrengast der Fundación Nacional Cubano Americana absolvierte er eine ganze Reihe von Veranstaltungen, unter anderem mit dem Ziel, Unterstützung für sein Projekt und Geld zu bekommen. Diese Zeilen, einer Zeitung der Stadt entnommen, vermitteln einen Eindruck dessen, was sich auf der zentralen Veranstaltung seiner Reise zugetragen hat.

»(...) Wir betraten den Esssaal, wo das Mittagessen in einem wahrhaft patriotischen Rahmen zelebriert wurde und wo viele der bedeutendsten und geschätztesten Organisationen des Exils vertreten waren (...). Danach sprach Pepe Hernández, der Präsident der Fundación Nacional Cubano Americana, dessen Worte, die von wahrhafter Verantwortung und patriotischer Gesinnung zeugten, mit tiefer Aufmerksamkeit aufgenommen wurden (...).

Anschließend ergriff (...) Rodolfo A. Ruiz, der Präsident von »Bacardi Import«, das Wort, der sich mit einer glühenden Rede an die Zuhörer wandte. Mit ihr drückte er die Gefühle aller Versammelten aus, als er von der absoluten Notwendigkeit sprach, Cuba frei zu sehen (...).

Senator Helms trat auf das Podium, um seine Gedanken und Vorstellungen darzulegen, die sich nicht geändert haben, seit er im Jahre 1972 das erste Mal in den Senat gewählt wurde. Von diesem Zeitpunkt an bis zum heutigen Tag ist er immer ein wahrhafter Verteidiger der Demokratie für Cuba und ein entschlossener Kämpfer für die Freiheit der Völker gewesen, und er legt hier nun einen Gesetzesentwurf vor, der die ökonomischen Probleme des unterdrückerischen Regimes in Havanna vergrößert. (...)«[154]

Auf den ersten Blick hat diese Veranstaltung für den ahnungslosen Leser nichts Welterschütterndes. Sie bestätigt höchstens zum x-ten Mal die engen Beziehungen wichtiger Bacardi-Aktionäre mit der Fundación Nacional Cubano Americana.

Jedoch enthielt dieser Zeitungsbericht – wie das Kommuniqué von Kelley, Drye und Warren – ein kleines Detail der wichtigen Querverbindungen, die in diversen Presseorganen der USA dargelegt wurden. The Sun aus Baltimore berichtet in einem ausführlichen Artikel am 22. Mai, dass »die Führer von Bacardi und der FNCA Veranstalter« eines Fundraising-Dinners zugunsten von Jesse Helms waren. Das Mittagessen mit Helms hatte so viel Argwohn erweckt, dass *The Miami Herald* noch am 15. Juli daran erinnerte, dass »im April der Chef der Bacardi-Filiale in Miami, Rodolfo Ruiz, einer der Gastgeber eines Fundraising-Dinners für Helms in Miami war, bei dem ein Gedeck 500 $ kostete. Der

andere Gastgeber des Ereignisses, bei dem 75.000 $ eingenommen wur-
den, war die Fundación (...).«

Aber warum wurde so viel Tinte wegen einer Presseverlautbarung
oder des Essens eines Senators verschwendet? Die Befürworter der
Gesetzesvorlage sagen, das Gesetz beschleunige den Sturz Castros und
»die Ankunft einer neuen Ära der Demokratie« in Cuba, während seine Kritiker dagegen halten: »Die Maßnahme enthält Vorteile für Unternehmen wie Bacardi und die Familie des Zuckermagnaten Fanjul. Das
ist in den USA, wo es Tradition ist, im Kongress Lobbying zu betreiben,
um die persönlichen Interessen durchzusetzen, völlig normal. Dieser Fall
aber ruft Kritik hervor, weil die politische Absicht dahinter zu offensichtlich ist (...).«[155]

Hier steckt also der Kern der Kontroverse und der Kritik. Wie der
Artikel des *Miami Herald* ebenfalls ausführt, gelten die Vorschläge von
Helms und Burton »in der Umgebung des Kongresses« nicht umsonst
als Bacardi-Gesetzesvorlage. Auch wenn andere wie Wayne Smith, der
ehemalige Verantwortliche in der US-Interessenvertretung in Havanna,
sie lieber »The Bacardi Claims Act« (das Gesetz der Bacardi-Forderun-
gen) nennen würden.

Juan Prado, Aktionär des Unternehmens und Berater des Vorstands-
vorsitzenden von Bacardi in Miami, unternahm den Versuch, die Wogen
zu glätten, indem er anführte, die Fundación habe Bacardi um Hilfe
gebeten, die Tische zu füllen, und Bacardi habe darauf positiv geantwor-
tet. »Als Unternehmen konnten wir nichts tun, aber als Privatpersonen
wollten wir helfen (...).«[156] Diesen Satz glaubten nur wenige. Er wurde
völlig entkräftet, als Juan Prado selbst kurze Zeit später sagte, dass sein
Unternehmen einer der Hauptnutznießer sei, wenn die Vorlage zum
Gesetz werde.[157]

Eine absurde Rechnung

»Auch wenn die Mutterfirma ihren Sitz auf den Bermudas hat«, heißt es
in einem Pressekommentar, »so sind es ihre Filialen in den USA und
jedes einzelne der ungefähr 500 Familienmitglieder, inzwischen Bürger

dieses Landes, die von dem Gesetz profitieren und vor den Gerichten klagen können.«[158]

Nach Meinung von Experten gehört zu den vielen wirren Punkten, die dieses Gesetz enthält, dass die cubano-amerikanischen Magnaten mit in die Gruppe einbezogen sind, die auf Rückgabe ihres nationalisierten Eigentums klagen kann. Dass diese die Möglichkeit erhalten, sogar ausländische Staatsbürger, die mit ihrem Eigentum »illegale Geschäfte machen«, vor Gericht zu bringen, ist ein großes Absurdum, wenn man internationale Gesetze und Regelungen betrachtet. Der Unterstaatssekretär für politische Angelegenheiten, Peter Tarnoff, sagte vor dem Kongress gegen diesen Punkt aus: »Wenn ein Staat innerhalb seiner eigenen Grenzen Besitz enteignet, der seinen Staatsbürgern gehört, gibt es für die USA gemäß internationalem Recht keinerlei Grundlage, Klage zu erheben.« Tarnoff fuhr fort: »Die Tatsache, dass die betreffende Person inzwischen Staatsbürger der Vereinigten Staaten ist oder dass sie die Eigentumsklage an einen US-Staatsbürger überträgt, ändert die internationale Rechtslage in keiner Weise.«[159]

Klassisch an dem ganzen Fall ist, dass sich dieser Punkt des Gesetzes ausschließlich auf einen exklusiven Klub von Cubano-Amerikanern bezieht: mächtige Großgrundbesitzer, Zuckerbarone, Viehbesitzer und Produzenten von Alkoholika, wie die Bacardis, die alle zum Zeitpunkt der Revolution Millionäre waren. Nach Aussage eines Anwalts in Miami fordert das Gesetz vom cubano-amerikanischen Kläger den Beweis, »dass der Besitz wenigstens 50.000 $ wert war, als er konfisziert wurde«.

Unter diesen Umständen, so der Jurist, »ist es schon viel, wenn es zu hundert Klagen kommt.«[160]

Clinton und das Außenministerium waren nicht die einzigen, die sich über das Inkrafttreten von Titel III des Gesetzes Gedanken machten. Das Joint Corporate Committee on Cuban Claims, eine Organisation US-amerikanischer Unternehmen, die ihren Besitz in Cuba verloren haben, sprach sich gegen das Helms-Burton-Gesetz aus. Zu den 30 Mitgliedern dieser Gruppe zählen Unternehmen wie die Chase Manhattan Bank, Coca Cola und ITT, deren Klagen sich auf mehr als eine Milliarde Dollar belaufen, Zinsen nicht mitgerechnet.

Theoretisch könnten alle US-amerikanischen Kläger, insgesamt

5.911, aus der neuen Gesetzgebung Nutzen ziehen. Ihr Unbehagen ist
jedoch in der noch unbekannten Zahl von Cubano-Amerikanern begründet, die ihre Klage vorbringen und ein Urteil erstreiten werden.
Damit werden sie zu Konkurrenten. Das hat zur Folge, dass die Möglichkeit einer Übereinkunft mit Havanna für US-Unternehmen in weite
Ferne rückt.[161] Eine Übereinkunft, die außerdem unmöglich ist, so lange Fidel und Raúl Castro in der Regierung sind; das verbietet nämlich
das Helms-Burton-Gesetz.

Der erste Beweis...

So drückt es jemand aus, der die Informationen aus erster Hand hat:
»Es trifft nicht zu, wenn man sagt, dass die Exilcubaner der Fundación
hinter dem Gesetz stehen: Wahr ist, dass sie seine Vorkämpfer gewesen
sind. (...) Zum Beispiel der Bacardi-Konzern. Auch wenn er keine entscheidende Rolle spielte, war er mit von der Partie. Wie jeder Konzern
fürchtete er, wenigstens damals, die öffentliche Kontroverse. Aber auf
Zehenspitzen versammelte sich die cubanische Unternehmerfamilie
hinter der Führung des politischen Exils (...). Ohne allzu boshaft zu
sein, ist es ein Leichtes, der Bacardi-Leitung die Absicht zu unterstellen,
auf machiavellistische Weise über den Weg dieses Gesetzes seinen Besitz in Cuba wiederbekommen zu wollen und gleichzeitig das französische Unternehmen Pernod-Ricard auszuhebeln, das cubanischen Rum
außerhalb Cubas vertreibt und gierig auf den nordamerikanischen
Markt schielt.

Die ersten Angriffe der führenden Bacardi-Köpfe fanden nicht auf offener Bühne statt. Aber aus dem Verborgenen reichten ihre Anwälte,
Bundesgenossen und Schützlinge weiterhin der Anti-Castro-Koalition
die Hand, die fest entschlossen war, Fidel Castro die Atemluft zu nehmen, die es ihm in Gestalt ausländischer Investitionen ermöglicht hatte,
die Durststrecke zu überleben, die sich nach Ende des sowjetischen
Regens vor ihm aufgetan hatte (...). Auch wenn die Bemühungen der
Bacardis zugunsten dieses Gesetzes unterhalb ihrer Möglichkeiten lagen,
so war ihr Engagement doch eine interessante Neuerung *in der umständ-*

lichen Entstehungsgeschichte eines Gesetzes, das ab März 1996 einen Wirtschafts-
konflikt gigantischen Ausmaßes in der westlichen Welt provozieren wird (...).«[162]

Der zweite Beweis...

Nach Aussage des Helms-Mitarbeiters Dan Fisk ging eine der ersten
Kopien des Gesetzestextes, die das Büro des Senators verließen, an den
Sitz der Fundación Nacional Cubano Americana in Washington. Dem
Anschein nach hatte die Fundación direkt mit der Redaktion des Geset-
zes wenig zu tun, aber sie besaß die Maschinerie für eine sensationelle
Lobbyarbeit. »Niemand machte Lobbyarbeit in so großem Rahmen, so
methodisch und so gut finanziert wie die FNCA«, versicherte der An-
walt Nicolas Gutiérrez.[163]

Wie wir gesehen haben, hatten die Kongressabgeordneten, die das
Gesetz in Gang brachten, Beziehungen zum Bacardi-Konzern und zur
FNCA, weil diese zur Finanzierung ihrer Wahlkampagnen beitrugen.
Und man kann sehr wohl behaupten, dass 100 % der Rechtsanwälte, die
mit Dan Fisk an der Ausarbeitung, Korrektur und Klärung der letzten
Details gearbeitet haben, Verbindungen zum Bacardi-Imperium hatten
oder noch haben.[164]

Die Beziehungen zwischen diesen Anwälten, ihren Kanzleien und
dem Bacardi-Konzern erscheinen wie ein kompliziertes Spinnengewebe,
aber dem ist nicht ganz so. Es ist nur eine weitere der Verflechtungen,
Intrigen und Komplizenschaften, die sich durch das ganze Buch ziehen.

Die am wenigsten mit dem Bacardi-Unternehmen verstrickte Person
ist Nicolás Gutiérrez, Absolvent der Georgetown Universität, »der bei
der Ausarbeitung des Helms-Burton-Gesetzes seine Vorschläge einbrach-
te und einer der glühendsten Verteidiger dieses Gesetzes ist.«[165]

Er ist Sohn eines Zuckermagnaten im vorrevolutionären Cuba und
derzeitig Geschäftsführer der so genannten Nationalen Vereinigung der
cubanischen Zuckerfabrikbesitzer in Miami. Er ist Mitglied des paramilitärischen »Consejo Militar Cubano Americano« und Sozius in der
Kanzlei Adorno & Zeder, die einige cubanische Millionäre vertritt, deren
Eigentum verstaatlicht wurde. Darunter befindet sich auch der Fanjul-

Clan, allesamt Zuckermagnaten, seinerzeit in Cuba, heute in den Vereinigten Staaten und in der Dominikanischen Republik.

Die Argumentation von Gutiérrez zum Helms-Burton-Gesetz ist sehr einfach: »Es geht in dem Gesetz nicht darum, ob das verlorene Eigentum zurückvergütet wird oder nicht, sondern darum, so viel Unsicherheit zu erzeugen, dass Investoren es sich zweimal überlegen, bevor sie nach Cuba gehen. Sinn und Zweck ist der Abgang von Fidel Castro.«[166]

Wenn eine Verbindung zwischen Gutiérrez, Bacardi und der Fundación besteht, dann durch Adorno und Zeder. Dieser Kanzlei gehören Henry Adorno und Raúl Cantero an, beide Anwälte des Mannes, der aus Bacardi ein Imperium machte: José *Pepín* Bosch. Cantero arbeitet weiterhin für den Konzern. Adorno ist Direktor und Rechtsanwalt der Fundación gewesen. Er war nicht nur juristischer Vertreter von Jorge Mas Canosa, sondern auch Vizepräsident von dessen wichtigstem Unternehmen, »Mastec«.

Und der dritte Beweis

Ignacio Sánchez, Anwalt in Miami und Spezialist in Sachen enteignetes cubanisches Eigentum, verteidigte das Helms-Burton-Gesetz im Senat glühend. Als seine Agentur Kelley, Drye & Warren ihn in ihrem Kommuniqué wegen seines wichtigen Beitrags zum Gesetz und seiner Beziehungen zu Bacardi beglückwünschte, unterstrich er »dass er Helms bei der Abfassung der Gesetzesvorlage bezüglich der Forderungen, die sich aus der Nationalisierung des Eigentums ergeben, persönlich geholfen hatte.«[167]

Er stritt nicht ab, dass Bacardi einer der Hauptnutznießer dieses Gesetzes sei, sagte aber, dass der Multi »ihn nicht für die häufig stattfindenden Beratungsgespräche bezahlt hatte, die er dem Mitgliederstab von Helms gewährte.«[168] Die Beratung habe er, seiner Aussage nach, in seiner Eigenschaft als Mitglied der Kanzlei durchgeführt und nicht im Auftrag von Bacardi. Das Besondere daran ist, dass Kelley, Drye & Warren die Firma Bacardi in New York vertreten und dass Sánchez dem Vorstand der Fundación Nacional Cubano Americana angehört.

Brice Clagett war ein weiterer Jurist, der für Helms und seine Gesetzesvorlage arbeitete. Er gehört zur Kanzlei Covington & Berling in
Washington, die verschiedene US-Gesellschaften vertritt, deren Besitz in
Cuba nationalisiert wurde. Hinter dieser Gruppe, die für Bacardi
Lobby-Arbeit betreibt, verbirgt sich etwas. Ihr gehörte viele Jahre lang
und noch bis vor kurzem eine für Bacardi äußerst wichtige Persönlichkeit an: George *Chip* Reid.

Chip, ein ehemaliger juristischer Berater der Republikanischen Partei, ist möglicherweise der engste und wertvollste Bacardi-Berater gewesen, weil er maßgeblich an dem Erwerb der weltweit bekannten italienischen Gesellschaft Martini & Rossi beteiligt war. Reid war damals schon
nicht mehr in der Kanzlei, aber nur deshalb, weil er 1997 nach Miami
ging, um den Vorsitz im Verwaltungsrat von »Bacardi U.S.A., Inc.« zu
übernehmen; von dort machte er einen Karrieresprung auf die Bermudas, wo er Chairman des Imperiums wurde und nur noch Cutillas un-
terstand. Chip Reid ist zu 100 % US-Amerikaner und die erste Person
in diesem Amt, die nicht dem Familienclan angehörte.

Robert Freer jr., Sozius der Freer & Mc Garry Kanzlei, war ebenfalls
an der Ausarbeitung des Gesetzes beteiligt. Freer ist Executive Secreta-
ry des US-Cuba Business Council, einer privaten Vereinigung, die dem
Helms-Burton-Team sehr nahe stand.[169] Zum Vorstand des Council
gehört auch Juan Prado, ein wichtiger Aktionär bei Bacardi und Vorstandsmitglied des Unternehmens. Der Vorsitzende jedoch war zu dem
Zeitpunkt, als das Helms-Burton-Gesetz erarbeitet und verabschiedet
wurde, Manuel J. Cutillas, der höchste Bacardi-Chef (siehe Kapitel
XIII).

Präsident des US-Cuba Business Council ist der Cubano-Amerikaner Otto Reich, der »einer derjenigen war, die auf Rechnung von Bacardi
einen Teil des Helms-Burton-Spinnennetzes woben.«[170] Reich ist ganz
sicher der Diplomat, der der Fundación Nacional Cubano Americana
und besonders den Interessen des Bacardi-Konzerns die besten Dienste
geleistet hat. Seine Biographie reicht vom Offizier des US-Heeres in der
Panamakanalzone 1967 bis hin zum Botschafter. Nicht zu vergessen ist
seine Mitgliedschaft im Vorstand des »Center for a Free Cuba«, zusammen mit Jeane Kirkpatrick, Luis Aguilar León, William Doherty und

dem großen Bacardi-Chef Manuel J. Cutillas, der damals auch Präsident des Verwaltungsrats war.[171]

Und wenn man vom »Center for a Free Cuba« spricht, so muss man anmerken, dass es im Fall Elián González neben der FNCA die aktivste Organisation war. Sie übte Druck aus, manipulierte und investierte immense Mittel, um zu erreichen, dass der kleine Junge gegen den Willen seines Vaters und gegen internationale Gesetze Asyl in den Vereinigten Staaten erhalten sollte, und benutzte ihn als politische Waffe gegen die cubanische Regierung. Aber die US-Behörden erlaubten schließlich die Rückkehr des Jungen nach Cuba, nachdem sie ihn sieben Monate in den Vereinigten Staaten festgehalten hatten. Währenddessen lehnte der Vater des Kindes zwei Millionen Dollar ab, die ihm die extreme cubanisch-amerikanische Rechte für den Fall angeboten hatte, dass er mit seiner ganzen Familie um Asyl bitten würde. Das war ein harter politischer Schlag für diesen extremistischen Sektor des Exils.

Die Hauptverbindung zwischen Reich und Bacardi ergab sich aus seiner Funktion im Vorstand des Business Councils und der Beratergruppe Brock. Der Diplomat war Direktor der Brock Group gewesen, einer Kanzlei, die in den Vereinigten Staaten Lobbyarbeit für das deutsche Handelsministerium und für die *British American Tobacco* macht. Außerdem vertritt sie das Bacardi-Imperium in Washington, auf den Bermudas und auf den Bahamas.

Wie aus freigegebenen staatlichen Dokumenten hervorgeht, erhielt Brock in der entscheidenden Phase des Helms-Burton-Gesetzes mehr als hundertzehntausend Dollar von Bacardi.[172] Dabei darf nicht vergessen werden, dass Reich einer der ersten war, der sich am 30. Juni 1995 in seiner Eigenschaft als Präsident des Business Council vor dem US-Kongress für das Gesetz aussprach.

Ohne ein US-Konzern zu sein...

Wie ein führendes Vorstandsmitglied selbst gesagt hat, ist Bacardi »ein Konzern ohne Nationalität« mit Geschäftsstellen auf den Bermudas.[173] Trotzdem war es ihm unter Nutzung seiner wirtschaftlichen Macht und seiner Kontakte zu hohen politischen Instanzen möglich, ein US-Gesetz praktisch zu redigieren und seinen Bedürfnissen anzupassen.

Das Helms-Burton-Gesetz richtet sich, wie allseits bekannt, nicht nur gegen Cubas Souveränität und das Leben seiner Bewohner, sondern es ist auch Teil des Wahnsinns, den das kapitalistische System in seiner Sehnsucht, auch die letzte Kontrollschranke niederzureißen, entfesselt hat.

Kapitel 12
Krieg auf den Märkten

Freiheit der Märkte?

Ende 1993 importierten die Brüder Mark und Marvin Feldman hundertdreiundvierzig Kisten Bacardi Rum (1716 Flaschen) aus Mexiko. Sie bezahlten das Zollsiegel und die staatlichen Genehmigungen der USA, aber als sie die Flaschen auf den Markt bringen wollten, wurden sie von den Behörden konfisziert. Der dafür angegebene Grund ist an sich einfach, aber dennoch schwer zu verstehen in einem Land, das sich seiner totalen Handelsfreiheit und seines freien Unternehmertums brüstet: Der in Puerto Rico produzierte Bacardi Rum »macht den Hauptanteil dieses Produktes in den Vereinigten Staaten aus.« Deswegen »geht man davon aus, dass jeder in Florida verkaufte Bacardi Rum aus Puerto Rico stammt.«[174]

Die Feldmans kauften Bacardi Rum in Mexiko, da dieses Land niedrigere Exportsteuern auf Getränke erhebt. Daher kostete die Kiste ihres Rums 15 Dollar weniger als der von derselben Gesellschaft in Puerto Rico hergestellte.

Die Brüder klagten vor dem Bundesgericht des Distrikts Miami und beschuldigten den Staat der illegalen Konfiszierung. Die Anklageschrift bezeichnet Bacardi als Verschwörer. In einem Pressekommentar heißt es, dass die Feldman-Brüder »sich auf einen Kampf gegen das Bacardi-Rum-Imperium einließen, als sie den Handelsbestimmungen Floridas für alkoholische Getränke trotzten (...). Diese juristische Herausforderung erscheint als ein höchst riskantes Unternehmen mit wenig Aussicht auf Erfolg. Die Gesetze, die den Import und die Verteilung von alkoholischen Getränken regeln, sind in diesem Land heilig.«

Noch weniger Aussichten auf Erfolg hat man aber, wenn man dann auch noch gegen das genannte Imperium vorgeht, das in Florida immense Macht besitzt und großen Einfluss in Washington hat. Die Feldmans

sagen, dass diese Bestimmung gegen die Verfassung verstoße, die den
Individuen das Recht auf Handel einräumt. Der Direktor der »National
Association of Beverage Importers« in Miami sagte etwas zusammen-
hanglos, dass diese Maßnahmen beschlossen worden seien, um den
Konsumenten vor hohen Preisen (sic!) zu schützen, indem man Zwi-
schenhändler ausschalte.

Manuel J. Cutillas, der große Bacardi Chef, gab seinerseits zu, dass
»Bacardi, wie der größte Teil der anderen Gesellschaften auch, versucht,
die Händler abzuschrecken, die auf dem grauen Markt durch ihre Importe die fest etablierten Preise unterhöhlen könnten«. Bereits 1991 hatte
derselbe Cutillas einer Gruppe von Mexikanern, die schon damals das
Gleiche vorhatten wie später die Feldman-Brüder, geschrieben: »Auch
wenn die Importe sich innerhalb des vom Gesetz und dem internationalen Handel vorgegebenen Rahmens bewegen, so stört eine derartige
Operation doch unsere Vermarktung und den Verkauf.«

Das ist ein einfacher Beweis dafür, dass die Handelsfreiheit und die
Freiheit des Unternehmertums, wie sie Bacardi für Cuba fordert, nicht
für alle ein unverletzliches Gesetz sein kann.

Subtile Drohungen

In der zweiten Hälfte des Jahres 1993 hielt sich hartnäckig das Gerücht,
dass die cubanische Regierung im Begriff sei, mit einer ausländischen
Gesellschaft eine Übereinkunft über die internationale Vermarktung
von Havana Club, Cubas bekanntestem Rum, zu erzielen. Das veran-
lasste den transnationalen Bacardi-Konzern, der gerade Martini & Rossi erworben hatte, in Lauerstellung zu gehen.

Für Manuel J. Cutillas und andere Aktionäre brachte dies zunächst
eine gewisse Beunruhigung mit sich. Zum einen, weil zum ersten Mal ein
wirklicher Konkurrent für das Quasi-Monopol des Konzerns auf Rum
auf dem Markt erscheinen würde. Zum anderen, weil seine ehemaligen
Besitztümer auf Cuba für ein Geschäft benutzt würden, das der danie-
derliegenden cubanischen Wirtschaft neuen Atem einhauchen würde.
Und drittens, weil diese Aktion das Torricelli-Graham-Gesetz umgehen

würde, das sie so sehr unterstützt hatten. Deswegen machte sich Cutillas daran, Briefe an Zusammenschlüsse und Direktoren von Unternehmen zu schicken, die mit der Produktion bzw. der Verteilung von Spirituosen zu tun hatten. In allen Briefen war ein drohender Ton spürbar. Einer davon mit Datum vom 28. Oktober 1993 war von Nassau aus an den Präsidenten der »National Association of Beverage Importers«, Robert Maxwell, gerichtet. Darin heißt es unter anderem:

»Zu dem konfiszierten Bacardi-Besitz gehören auch die Destillieranlage und das Bürogebäude in Santiago, ein weiteres Gebäude in Havanna, drei Hatuey-Bierbrauereien und das Markenzeichen. Wir bitten Sie daher, unsere Position zu verstehen und mit uns zusammenzuarbeiten, um die Zustimmung der Industrie zu unseren Gunsten zu erreichen.

Die Position von Bacardi, die von Experten mitgetragen wird, ist die, dass konfisziertes Eigentum weiterhin gesetzmäßiges Eigentum bleibt und dass niemand, der eine durch das Castro-Regime erfolgte Abtretung von Eigentum akzeptiert, durch cubanisches oder internationales Recht gestützte Eigentumsrechte erwirbt. Von dem Augenblick an, da in Cuba wieder das Gesetz herrscht und eine repräsentative Regierung eingesetzt ist, wird Bacardi mit allen angemessenen Mitteln versuchen, sein Eigentum zurückzugewinnen. Außerdem wird Bacardi von all jenen Entschädigung verlangen, die unter dem gegenwärtigen Regime dieses Eigentum genutzt und missbraucht haben.

Bacardi vertraut darauf, dass in der künftigen demokratischen Regierung die konstitutionellen Garantien wiederhergestellt und diese Abtretungen vor Gericht keinen Bestand haben werden. Bacardi erwartet vom künftigen cubanischen Rechtssystem, dass es das Recht von Bacardi anerkennt, von jedem Entschädigung einfordern zu können, der zu irgendeinem Zeitpunkt während des Castro-Regimes das Bacardi-Eigentum besetzt oder ausgebeutet hat.

Bacardi beabsichtigt, so weit wie möglich alles zurückzuverlangen, zuzüglich des Pachtzinses, der Gewinne, die aus unerlaubter Bereicherung entstanden sind, und eines Schadensausgleiches für die unerlaubte Benutzung von Markenzeichen und Patenten, für die Abnutzung der Infrastruktur, für Umweltschäden und so weiter (...). Wenn also irgendeine Person oder ein Unternehmen glauben, sie könnten diesen enteigneten Besitz zu einem günstigen Preis erwerben und mit dieser Investition kurzfristige Gewinne machen, wohl wissend, dass sie alles verlieren werden, wenn Castro fällt, kann diese Rechnung zu einer unangenehmen Überraschung werden. Die potenziellen Investoren müssen wissen, dass Bacardi in der Vergangenheit bei Rechtsverfahren gegen die gegenwärtige cubanische Regierung positive Ergebnisse erzielt hat (...). Wir sind bereit, diese Art von Aktionen so lange weiter zu betreiben, bis wir unser Eigentum zurückerlangen, aber wir hoffen aufrichtig, dass dies nicht nötig sein wird. Wir schätzen jegliche Kooperation Ihrerseits und bitten Sie, diesen Brief an Ihre Mitgliedsfirmen zu verteilen (...).«

Eine Drohung zur gleichen Zeit

Zufällig hatten ein paar Monate zuvor verschiedene Organisationen, darunter auch die Fundación Nacional Cubano Americana, einen »Offenen Brief« an eine beträchtliche Anzahl von Unternehmen und Industrien in Europa und Lateinamerika verschickt. Dessen Inhalt wies große Ähnlichkeit mit dem von Bacardi versandten Brief auf:

»Die Unterzeichner bringen die Absicht zum Ausdruck, sich an der Bildung einer neuen Republik in einem Cuba ohne Castro zu beteiligen (...). Wir vertreten die Auffassung, dass jede unter diesen Umständen in Cuba getätigte Investition nicht den Schutz der Gesetze verdient, wie sie eine zukünftige cubanische Regierung zum Schutz des Privateigentums erlassen wird (...). Wir glauben, dass es wichtig ist, dass die internationale Gemeinschaft der Investoren unsere Absichten kennt und dass die, die vorhaben, in Cuba zu investieren, sich der politischen Verantwortung für ihre Taten bewusst werden und sich über die Risiken einer solchen Handlung im Klaren sind (...).«

Die Wagemutigen: Pernod-Ricard

Cutillas war 1993 zu Recht beunruhigt. In diesem Jahr unterzeichneten das cubanische Unternehmen Havana Rum and Licours (HRL) und

die französische Gesellschaft Pernod-Ricard ein Jointventure-Handels-
abkommen (50 % Kapitalbeteiligung und gemeinsames Risiko), um
Havana Club Rum zu vermarkten. Die cubanische Wirtschaft, die dem
Schiffbruch nah war, hatte mit dieser ausländischen Investition ein
wichtiges Floß gefunden, das ihr helfen würde, die Devisen zu bekommen, die nötig waren, um zu einem sicheren Hafen zu gelangen.

Die Markterfahrung des französischen Multis und die Tatsache, dass
Havana Club ein unverfälschter cubanischer Rum ist, ließen die Ver-
kaufszahlen seit 1994 in atemberaubendem Tempo nach oben schnellen.
Bacardi gingen Kunden verloren. Cutillas selbst gab im März 1996 im
Nuevo Herald zu: »Das Geschäft stagniert in den letzten zwei oder drei
Jahren.«

Vor 1994 hatte Bacardi keinen wirklichen Konkurrenten. Cuba hatte
seinen Rum fast ausschließlich in die sozialistischen Länder Europas
geliefert. Das Loch, das der cubanische Rum in die Bacardi-Verkaufszah-
len gerissen hatte, muss spürbar gewesen sein: 1998 erreichte Havana
Club eine Million Kisten im Jahr und gehörte weltweit zu den drei
Marken mit dem größten Wachstum, eine Stellung, die Havana Club in
den folgenden Jahren behaupten konnte.[175] Dabei riskierte Pernod-Ricard eine Konfrontation mit Bacardi und den US-Gesetzen, allerdings
nicht aus einem Gefühl der Nächstenliebe heraus oder aus Solidarität mit
der cubanischen Revolution: Man wusste – es war ein gutes Geschäft.

Mit ein bisschen Nachdenken kam Bacardi darauf, dass der Erfolg
von Havana Club hauptsächlich in seiner 100-prozentigen cubanischen
Herkunft begründet lag. Unter Missachtung internationaler Bestimmungen und mit absichtlicher Irreführung der Konsumenten »verwandelte«
sich Bacardi auf überschäumende Weise wieder in einen cubanischen
Rum zurück.

Als keiner es erwartete, begann der Bacardi-Konzern, der Cuba eigentlich abgrundtief hasst – was sogar soweit ging, dass (seit 1960) der
Namen Cuba nicht in seiner Werbung vorkommen durfte –, sich plötzlich (seit 1994) cubanischer als die Palmen zu fühlen.

Eine unvorstellbare Drehung um hundertachtzig Grad. Schließlich
wagte es George *Chip* Reid, der bis März 2000 Präsident des Imperiums
war, zu sagen: »Wir sind stolz auf unser cubanisches Erbe.«[176] Ironie der

Geschichte ist, dass gerade in dem Augenblick, als sich Bacardi seines Erbes erinnerte, ein US-Amerikaner an der Spitze stand, der noch nie cubanischen Boden betreten hatte.

Irreführung in der Werbung

Schon Ende des 19. Jahrhunderts hatte Facundo Bacardi-Mazó versichert: »Die Wahrheit ist, dass es zu keinem Zeitpunkt in der Geschichte in irgendeinem Land einen Rum wie den unseren gab oder geben wird. Noch nicht einmal einen ähnlichen. Was außerhalb Cubas hergestellt wird, verfügt nicht über das beste Rohmaterial, das es auf der Welt gibt – das ist nämlich der Sirup des cubanischen Zuckerrohrs.«[177]

Seit 1994 greift die Werbekampagne Bacardis verschiedene Sätze auf, die Don Facundo zugeschrieben werden. Dieser gerade zitierte Satz wird aber vor der Öffentlichkeit verborgen und in den hintersten Winkel der Erinnerung des Rumimperiums verbannt. Er findet keine Verwendung bei der werbewirksamen Rückbesinnung auf die »Cubanität«.

Diese »Cubanität« hatte der Wissenschaftler Jacinto Torras bereits in den 40er Jahren in Zweifel gezogen (siehe Kapitel II).

Nun gut, es ist bisher noch keine Werbekampagne bekannt, die so auf der Herkunft ihres Produktes bestanden hätte, ohne dass auch nur ein einziges Element ihres Erzeugnisses an dem angegebenen Ort hergestellt worden wäre. Im Falle Bacardis wird weder das Papier für die Etiketten noch das Glas für die Flaschen und noch viel weniger auch nur ein Tropfen Alkohol in Cuba hergestellt. Gar nichts.

Bei der von Bacardi lancierten pompösen Werbekampagne dreht sich alles um das Wort »Cuba« oder »Santiago de Cuba«. Das lässt viele Konsumenten glauben, sie kauften echten cubanischen Rum; ein Vorgehen, das die World Intellectual Property Organization der Vereinten Nationen (WIPO) als »ehrlichem Verhalten zuwiderlaufend« bezeichnete.[178]

Seit die Bacardi-Aktionäre die Insel verließen (wobei nicht vergessen werden soll, dass sie den wichtigsten Schatz, die Handelsmarke, bereits einige Jahre vor dem Sieg der Revolution auf die Bahamas gebracht hatten), ging aus den Etiketten klar hervor, dass es sich um ein in Puerto Rico hergestelltes Produkt handelte. Einige Zeit später besagten manche Etiketten, der Alkohol stamme von den Bahamas. So kam es, dass die Melasse aus Zuckerrohr der verschiedensten, nicht näher auszumachenden Regionen der Karibik, Brasiliens, Mexikos oder Floridas stammte, was dem Rum zwar seine Qualität und seine »Persönlichkeit« nahm, aber man hatte doch zumindest noch eine Vorstellung, wo die Melasse verarbeitet wurde. In der zweiten Hälfte der 90er Jahre verschwanden auch diese Hinweise fast vollständig.

Seit 1998 wurde der typischen Fledermaus der Satz beigefügt »Casa fundada en Santiago de Cuba en 1862«, obwohl »ESTD Cuba 1862« (Establecida) die ansonsten geläufigste Formel geworden ist. Auf einigen Etiketten steht »Product of Bahamas«, aber die Mehrheit der Flaschen gibt keine nähere Auskunft darüber, in welchem Land das Produkt hergestellt wird. So kann man z. B. in Spanien nur lesen: »Embotellado bajo autorización y especificaciones de Bacardí & Company Limited« (Bottled by authority and to the specifications of Bacardí & Company Limited). Gebräuchlicher ist: »Imported and distributed by: (…)«. In keinem Fall wird gesagt, von woher das Produkt importiert wurde. Wo der Rum wirklich herstammt, wird absolut nicht erwähnt.

›Cuba Libre‹

Es war ein Sieg für die »Asociación de Usuarios de la Comunicación del Estado español« (AUC). Mitte Dezember des Jahres 1999 verbot ein spanisches Gericht Bacardi die Wiederholung eines Fernsehwerbespots seines Produktes »Cuba Libre« in Dosen. Der Beschluss führt an, dass der Spot indirekt Werbung für Bacardi betreibe, und es ist in Spanien verboten, Getränke von mehr als 20 % Alkohol zu bewerben. Wie aus dem Bericht der AUC hervorgeht, sagt das Urteil, dass dies unlauterer Wettbewerb gegenüber den anderen Spirituosen mit hohem Alkoholgehalt sei. Außerdem, so führt der Gerichtsbeschluss weiter aus, könne der Zuschauer bei diesem Werbespot das Produkt leicht verwechseln, weil die Werbung sehr große Ähnlichkeit mit den Bacardi-Rum-Werbespots aufweist, die typische Bilder der Karibik enthalten. Sie vermitteln beim Konsumenten den Eindruck einer cubanischen Landschaft.

Es bleibt nachzutragen, dass Bacardi diese Mischung erst seit 1998 »Cuba Libre« nennt. Seit 1966, als man sich mit Coca Cola zusammentat, um diesen Cocktail herzustellen, hieß er einfach »Cola mit Rum« oder »Bacardi mit Cola«.

Wenn man gern etwas über die genaue Geschichte dieser Mischung erfahren möchte, wird die Bacardi-Version nicht sehr hilfreich sein, denn das Unternehmen bietet gleich mehrere Varianten. Trotzdem versichert es, diesen Cocktail 1898 selbst erfunden zu haben. Doch einmal entstand er in Santiago de Cuba, ein andermal in Havanna. Aber eine Gemeinsamkeit gibt es immer: Es handelt sich stets um einen US-Militärangehörigen (einmal Soldat, einmal Offizier), der die Mischung erfand, um auf ein freies Cuba (Cuba libre) anzustoßen (manchmal allein, manchmal mit einem Cubaner).

Eine ironische Geschichte mit annektionistischem Zuschnitt, denn es waren die Streitkräfte der USA, die sich ungerufen in den Unabhängigkeitskrieg einmischten, den die cubanischen Patrioten führten, um Spanien aus dem Land zu vertreiben. Und als die iberischen Truppen bereits verjagt waren, stießen die *gringos* auf ein »Cuba Libre« an, blieben auf der Insel und verwandelten sie in eine Halbkolonie.

Kapitel 13
Mehr als nur ein Krieg um Rum

Unlauterer Wettbewerb?

Was den Verkaufserfolg von Havana Club vielleicht am meisten bewies, war die Tatsache, dass die Firma Bacardi seit Mitte 1996 auf den Bahamas plötzlich einen Rum produzierte, dem sie ihrerseits den Namen Havana Club gab und den sie in den USA vertrieb und verkaufte. Damit war der Grundstein für einen neuen »Rumkrieg« gelegt. Auf dem Etikett war der Malecón (Uferpromenade) von Havanna zu sehen und die Werbebotschaft lautete: »Discover the flavor of old Havana« (Entdecken Sie den Geschmack des alten Havanna). Bacardi gelang es aber nur, 906 Kisten einzuführen, bis die Havana Club Holding Gesellschaft, ein neues, von dem französischen und dem cubanischen Unternehmen gegründetes Konsortium, den Konzern wegen Betrugs, widerrechtlicher Aneignung einer Handelsmarke und der Täuschung des Verbrauchers anklagte.

Das Imperium benutzte einen Handelsnamen, der ihm nie gehört hatte und den 1974 ein cubanisches Unternehmen für sich in den USA hatte eintragen lassen, nachdem der ursprüngliche Besitzer seine Eintragung aufgegeben hatte.

Erinnern wir uns, dass seit 1995 die sicher unbegründete Einschätzung bestand, Präsident Clinton werde die Handelsblockade gegen Cuba zumindest teilweise aufheben. Für jene, die mit dieser Möglichkeit rechneten, war es sozusagen sicher, dass damit cubanischer Rum Zugang zum US-Markt finden würde. Damit wäre das Reich des Bacardi-Multis, der über 50 % des US-Marktes beherrschte, ernsthaft in Gefahr gewesen. Daher auch dessen entschiedene Unterstützung für das Helms-Burton-Gesetz, das gemäß seiner kommerziellen Gier und seinem Verlangen, Cuba erneut in den Armen der Vereinigten Staaten zu sehen, abgefasst wurde.

Sicherlich wurde mehr als nur einer von der Lancierung dieses Falsifikats auf dem Markt überrascht. Einen solchen Piratenakt erwartet man nicht von einer so angesehenen Handelsmarke, vor allem dann nicht, wenn die Interessen eines anderen mächtigen Getränkekonzerns wie Pernod-Ricard davon betroffen sind.

Im Juli 1994 beantragte Bacardi-Martini vor dem US Patent and Trade Mark Office die Eintragung von sechs Handelsmarken, die alle den Namen Havanna enthielten: Little Havana, Old Havana, Havana Select, Havana Clipper, Havana Classical, Havana Primo. Es dauerte fast vier Jahre, bis die Behörde entschieden hatte, nur den ersten Markennamen zuzulassen, weil die übrigen beim Konsumenten nur Verwirrung stiften würden, da der Eindruck erweckt werden könne, es handle sich um ein aus Cuba stammendes Produkt. Im September 1994 versuchte dann die Bacardi-Filiale auf den Bahamas, die Handelsmarke Havana Club in den Vereinigten Staaten registrieren zu lassen. Der Antrag wurde abgelehnt. Das entmutigte den Multi aber nicht.

Der Eigentümer kann nicht entscheiden

Der Angriff von Bacardi-Martini auf das franco-cubanische Konsortium eskalierte weiter. In der ersten Hälfte des Jahres 1996, kurze Zeit nachdem Präsident Clinton das Helms-Burton-Gesetz ratifiziert hatte, teilte Bacardi den US-Behörden mit, Pernod-Ricard benutze seine ehemaligen Besitztümer in Cuba. Das hatte nur den einen Zweck, das französische Unternehmen zu beschuldigen, mit konfisziertem Eigentum »illegalen Handel« zu treiben.

Die franco-cubanische Gesellschaft stellte klar, dass dieser Vorwurf nicht stimmt. Sie garantierte, dass die beiden Anlagen, in denen der Rum destilliert wird, nach der Revolution gebaut wurden, und zwar auf Gelände, das nie Bacardi gehört hat. Aber Bacardi bleibt hart und beruft sich, um jeden Ausweg zu blockieren, auf das Helms-Burton-Gesetz: Der Rum Havana Club werde auf nationalisiertem Besitz hergestellt. Eine nach Aussagen der Franzosen und Cubaner völlig falsche Behauptung, die jederzeit zu widerlegen ist.

Da Bacardi-Martini genau wusste, dass das cubanische Unternehmen 1996 die Registrierung seiner Handelsmarke erneuern lassen musste, begann es, Druck auf die entsprechende Behörde auszuüben, damit sie dem Konkurrenten die Neueintragung verweigere. Dies gelang nicht, und Havana Club erhielt für weitere zwanzig Jahre den Schutz der US-Gesetze und internationaler Vereinbarungen. Mit einem zusätzlichen Detail: Eigner der Handelsmarke war jetzt das franco-cubanische Konsortium Havana Club Holding – ein schwerer Schlag für das Imperium.

Aber Bacardi verlor keine Zeit. Während es die für den Schutz des intellektuellen Eigentums zuständige UN-Behörde, die WIPO, unter Druck setzte, wandte es sich gleichzeitig an das US-Finanzministerium, dem es obliegt, darüber zu wachen, ob eine Entscheidung die gegen Cuba gerichteten Blockadebestimmungen verletzt. In diesem Streitfall führte Bacardi-Martini an, das cubanische Unternehmen habe sehr wohl die Blockadebestimmungen verletzt, weil es die Handelsmarkenrechte auf das französische Unternehmen übertragen habe. Die dafür zuständige Abteilung im Finanzministerium erkannte im April 1997 diese Argumentation an.

Ebenfalls im April 1997 entschied ein Bundesrichter unter Berufung auf den Bescheid aus dem Finanzministerium und andere Darlegungen des Bacardi-Martini-Konzerns, dem franco-cubanischen Konsortium sei die Lizenz zu entziehen. Ein Fall, in dem der Eigentümer über seinen eigenen Besitz nicht bestimmen darf.

Wer die Information liefert...

Zur gleichen Zeit lancierten verschiedene Medien weltweit eine Reihe von Gerüchten über angebliche Korruptionsfälle auf höchster Ebene in Cuba. Die Quelle, auf die sich alle beriefen, war die Zeitschrift *Forbes*. Diese Zeitschrift, die sich an Investoren richtet und deren Besitzer sehr eng mit der Republikanischen Partei und der Fundación Nacional Cubano Americana liiert ist,[179] behauptete, Fidel Castro sei »einer der reichsten Männer der Welt«, weil er sich Staatsgelder angeeignet habe. Parallel dazu fand eine von zwei Cubano-Amerikanern durchgeführte

Untersuchung, die zu ähnlichen Ergebnissen wie *Forbes* kam, weite Verbreitung.

Ein paar Tage später, am 18. August 1997, blieb eine Meldung der spanischen Nachrichtenagentur EFE fast unbemerkt. Sie besagte, dass die »von der cubanischen Regierung begangenen finanziellen Unregelmäßigkeiten«, Castros angebliche Milliarden eingeschlossen, aufgedeckt worden seien »im Zuge einer Untersuchung, die das Unternehmen Bacardi wegen seiner Klage gegen Pernod-Ricard durchgeführt hat (...)«.

Bacardis Parlamentarier treten wieder auf den Plan

Im Juni 1997 schickten fast alle Kongressabgeordneten, die zusammen mit Helms und Burton das Gesetz vorangetrieben hatten, einen Brief an den Finanzminister Robert Rubin. Aus ihm spricht unverkennbar die Absicht, die Interessen von Bacardi-Martini zu verteidigen:

»Wir haben kürzlich von der Entscheidung Ihrer Behörde Kenntnis erlangt, durch die eine bereits bewilligte Genehmigung aufgehoben wurde, die eine Transaktion abgesegnet hatte, in deren Zuge das cubanische Regime eine im US Patent and Trade Mark Office registrierte Handelsmarke zu einem beträchtlichen Preis verkauft hat. Es handelt sich um die Handelsmarke Havana Club. Wir wissen, dass diese Lizenz anfänglich bewilligt wurde, weil die Vertreter der cubanischen Regierung die Tragweite und die Natur dieser Transaktion Ihrer Behörde gegenüber verschleiert haben.

Wie allgemein bekannt, ist es seit Beginn des Embargos und durch Verkündung des Gesetzes für die cubanische Demokratie 1992 (Torricelli-Gesetz, Anm. d. Übers.) und erst kürzlich wieder durch das Gesetz zur Förderung von Freiheit und Demokratie in Cuba (Helms-Burton-Gesetz, Anm. d. Übers.) die Strategie der USA gewesen, demokratische Veränderungen in Cuba durch ökonomischen Druck auf das Castro-Regime zu erreichen, indem diesem die Möglichkeit einer frei konvertierbaren Währung genommen wird. Diese Strategie wurde von neun nordamerikanischen Präsidenten mit Unterstützung beider Kammern des Kongresses verfolgt. Präsident Clinton hat unermüdlich daran gearbeitet, diese Politik zu erweitern, und Fortschritte dabei gemacht, die Unterstützung unserer Alliierten für diese Bemühungen zu erhalten.

Wir sind uns bewusst, dass die französische Regierung wegen des Beschlusses aus dem Finanzministerium vom 17. April bei unserem Außenministerium protestiert hat. Dieser Protest allein sollte Rechtfertigung genug für den genannten Beschluss sein, da es höchst unwahrscheinlich ist, dass die französische Regierung eine solch aktive Rolle einnehmen würde, wenn nicht einer ihrer Bürger der cubanischen Regierung eine bedeutende Summe für die Handelsmarke in den USA bezahlt hätte.

(...) Falls die cubanische Regierung oder ihre Geschäftspartner irgendwelche Schritte unternehmen, um für diese Transaktion eine Genehmigung zu erhalten, fordern wir mit allem Nachdruck, dass die betreffende Abteilung im Finanzministerium weiterhin die Prinzipien unserer Cuba-Politik anwendet und jeden Antrag ablehnt, der dieser Politik zuwiderläuft (...).« Unterzeichnet: Jesse Helms, Dan Burton, Robert Torricelli, Robert Menéndez, Ileana Ros-Lehtinen, Robert Graham, Benjamín Gilman, Peter Deutsch.

Bacardi »entdeckt« die Familie Arechabala

Seine vordringlichste Aufgabe sah Bacardi-Martini darin, die Handelsmarke Havana Club ihren Besitzern zu entreißen. Dafür waren alle Mittel recht. So suchte und fand man ohne große Schwierigkeiten die Familie Arechabala, die Nachfahren jener baskischen Emigranten, die Ende des 19. Jahrhunderts Havana Club in Cuba herstellten.

Damals registrierte das Arechabala-Unternehmen die Handelsmarke in fünf Ländern. Vier Jahre vor dem Sieg der Revolution nahm es aber in Spanien und der Dominikanischen Republik die fällige Neueintragung nicht vor, wodurch die Handelsmarke zu »Allgemeingut« wurde, also nicht mehr geschützt war. Das bedeutet, dass jeder Produzent das Recht hat, den Namen zu übernehmen, registrieren zu lassen und Havana Club Rum herzustellen. Das Unternehmen war bankrott, weil es nicht in der Lage war, sich dem Wettbewerb mit andern zu stellen, vor allem nicht, und das ist die Ironie des Schicksals, mit den Bacardis.

1960, als das Unternehmen durch Lohnkonflikte mit seinen Arbeitern aufgrund von Insolvenz nahezu gelähmt war, griff der cubanische Staat ein und verstaatlichte es. Danach verließen die Arechabala Cuba, aber sie benutzten für ihre Geschäfte nie wieder die Handelsmarke Havana Club. 1973 hätten sie die Handelsmarke in den Vereinigten Staaten neu eintragen lassen müssen. Sie taten es nicht, obwohl es sie nur einige bürokratische Formulare und fünfundzwanzig Dollar gekostet hätte. Außerdem hätten sie ein »affidavit of non use« (eine eidesstattliche Erklärung zur Nicht-Benutzung) eintragen lassen können. Damit hätten sie für immer das Recht auf die Markenbezeichnung besessen, ohne dass sie verpflichtet gewesen wären, sie auch zu benutzen.

Da nun der Name Havana Club offiziell freigegeben war, beantragte das cubanische Unternehmen Cubaexport die Eintragung in das US-Register. Diese erfolgte zwei Jahre später, »ohne dass sich rechtlicher Widerstand dagegen geregt hätte«.[180] Dem neuen Eigentümer gelang es, seine Handelsmarke in achtzig Ländern eintragen zu lassen, ohne dass es eine Beschwerde gegeben hätte.

Aber 1997 kam es zu einer Übereinkunft zwischen der Familie Arechabala, die mehrheitlich in Spanien ansässig ist, mit dem Bacardi-Konzern. Zu diesem Zweck gründete man eine Gesellschaft in Liechtenstein, dem europäischen Steuerparadies. Von diesem Augenblick an beginnt Bacardi, von seinen Rechten auf den Markennamen zu sprechen, die es von den angeblichen Inhabern erworben habe, und eröffnet so eine weitere Front in der juristischen Schlacht gegen die franco-cubanische Korporation.

Von Bacardi-Martini animiert und unterstützt, beschließen die Arechabala, einen Markennamen zurückzugewinnen, den sie allen gültigen internationalen Bestimmungen zufolge völlig aufgegeben hatten. Und hier kann man wieder die berühmte Frage stellen: Wer ist der Vater? Derjenige, der das Kind zeugte und dann im Stich ließ oder der, der es aufzog? Wahr ist, dass die Arechabala seit 1997 darauf bestehen, dass Havana Club »unser Familienerbe ist«.[181] Darauf angesprochen, warum sie niemals vorher versucht hätten, die Markenbezeichnung wiederzubekommen, antworten sie, dass »ihnen völlig die Mittel fehlten, um sich auf eine juristische Schlacht einzulassen, wie sie jetzt vom Anwaltsbüro Gómez Acebo und Pombo durchgeführt wird. Dies ist nur möglich geworden, nachdem die Familie einen Vertrag mit der Bacardi-Gruppe unterschrieben hatte«.[182] Dieser Rechtsstreit, der sich von Spanien aus auch auf andere Länder auszudehnen scheint, wäre nicht nötig gewesen, hätte man bei vorhandenem Interesse an der Markenbezeichnung vor einigen Jahren ein paar Dollar für die Erneuerung der Eintragung bezahlt.

Die Fabrik in die Luft sprengen

Anfang 1992 verbreiteten die Presseagenturen EFE, AFP und Notimex eine Nachricht, die weltweit wenig Beachtung fand. Sie besagte, dass cubanische Sicherheitskräfte drei Männer verhaftet hätten, die in die Provinz Matanzas eingedrungen waren. Sie führten einen beachtlichen Vorrat an Waffen und Sprengstoff mit sich.

Alle Agenturen meldeten, dass zu den Aktionen, die diese drei Personen in Cuba geplant hatten, auch ein Anschlag auf die Getränkefabrik Arechabala gehörte. Genau zu diesem Zeitpunkt wurde in den Verlautbarungen der extremistischen Organisationen in Miami, an der Spitze die Fundación, verkündet, dass dies eine Firma sei, über welche die cubanische Regierung mit an Havana Club interessierten internationalen Korporationen verhandele.

Wer hat dieses militärische Ziel vorgeschlagen? Man weiß es nicht. Sicher ist, dass die drei Männer erklärten, sie seien Mitglieder der terroristischen Gruppe Comandos L. Wie wir uns erinnern, agierte dieser Apparat in enger Zusammenarbeit mit der Representación Cubana en el Exilio, der Terroristenorganisation, die von der CIA und dem Bacardi-Magnaten José *Pepín* Bosch gegründet wurde.

Die Kongressabgeordnete Ileana Ros-Lehtinen, die den Bacardis und der Fundación Nacional Cubano Americana mit am nächsten steht, nahm sich der Verteidigung der Festgenommenen an und bat zahllose Persönlichkeiten, in Havanna zu intervenieren, um deren Freilassung zu erreichen.

Bacardi und die Vereinigten Staaten gegen internationale Abkommen

Im Juli 1999 reichte die Europäische Union (EU) vor der Welthandels-organisation eine Klage gegen die Vereinigten Staaten ein, um Pernod-Ricard und damit auch den cubanischen Teil des Unternehmens zu unterstützen.

Darin wird argumentiert, dass die Vereinigten Staaten »ihre Verpflich-tungen hinsichtlich der Rechte auf intellektuelles Eigentum, die sich auf den Handel beziehen, verletzen«. Schon vorher hatte die Europäische Union wegen Nichteinhaltung des im Birmingham-Abkommen vom Mai 1998 erzielten Kompromisses in Washington protestiert. Dieser Kompromiss sieht vor, dass extraterritoriale Gesetzesbestimmungen, insbesondere die des Helms-Burton-Gesetzes, nicht anzuwenden seien (siehe Kapitel 10).

Aber Europa verfiel erneut den Sirenengesängen, die die Vereinigten Staaten regelmäßig anstimmen, wenn es gilt, Gegner zu besänftigen, und Cuba geriet bei dieser Gelegenheit wieder ins Abseits.

Bei der Klage der Europäischen Union vor der Welthandelsorgani-sation ging es um weit mehr als um die bloße Verteidigung eines franzö-sischen Unternehmens, das cubanischen Rum vermarktet. Über das Helms-Burton-Gesetz hinaus war es Bacardi-Martini gelungen, ein neues US-Gesetz durchzusetzen, das hundertprozentig seinen eigenen Interes-sen diente und bald auch andere europäische Geschäftsinteressen beein-trächtigen könnte.

Amendment 211: von Bacardi, für Bacardi

Im April 1999 wies ein Gericht des Staates New York die 1996 von der Havana-Club-Holding gegen Bacardi vorgebrachte Klage ab. Für das Gericht lagen weder Betrug noch Irreführung des Verbrauchers vor, als Bacardi 906 Kisten eines auf den Bahamas hergestellten Rums mit dem Namen Havana Club auf den Markt brachte.

Das Urteil basierte auf Amendment 211, einem Gesetzeszusatz, der am 21.Oktober 1998 verkündet wurde, also zwei Jahre, nachdem der Prozess begonnen hatte, und vierundzwanzig Jahre, nachdem Cubaexport die Handelsmarke in den Vereinigten Staaten hatte registrieren lassen.

Amendment 211, das noch einen Schritt weiter ging als das Helms-Burton-Gesetz, brachte bei der Europäischen Kommission das Fass zum Überlaufen und zwang diese dazu, vor der Welthandelsorganisation eine Klage gegen die Vereinigten Staaten einzureichen.

Das Amendment besteht aus nicht mehr als zehn Zeilen und wurde in den mehr als viertausend Seiten umfassenden Haushalt 1999 eingefügt. Dass es verabschiedet wurde, verdankt es einer Besonderheit. In einem Eilverfahren ist es nämlich möglich, in letzter Minute, wenn die große Mehrheit der Abgeordneten bereits in der »House Senate Conference« versammelt ist, noch diverse Zusätze anzubringen. Wie sich in den folgenden Tagen herausstellte, kannten nur die mit Bacardi-Martini in Verbindung stehenden Abgeordneten den Inhalt. Für die anderen war die Zeit zu kurz, um ihn studieren zu können.

In den ersten Sätzen des besagten Abschnitts wird festgelegt, dass die Gerichte der Vereinigten Staaten keinem ausländischen Unternehmen das Recht auf eine Handelsmarke oder ein Patent zuerkennen dürfen, die in einem wie auch immer gearteten Bezug zu Besitztümern von US-Bürgern stehen, welche von der revolutionären Regierung Cubas ohne Entschädigung enteignet wurden.

Weiterhin wird darin verfügt, dass diese Bestimmung rückwirkend gelte, um Handelsmarken zu schützen, die Cubanern gehörten, bevor sie ins Exil gingen. Darin eingeschlossen wurden auch solche Marken, die freiwillig aufgegeben worden und in öffentliche Verfügbarkeit übergegangen waren. So darf nur der Eigentümer des konfiszierten Besitzes oder ein gesetzmäßiger Nachfolger über die Nutzung bestimmen (was Bacardi bei dem »Vertrag« mit den Arechabalas gelungen ist).

Darüber hinaus erlaubt das Amendment den US-Gerichten zum Beispiel nicht ohne Bedingungen, im Streitfall zwischen der Havana Club Holding und Bacardi-Martini Arechabala über die Rechte an der Handelsmarke Havana Club ein Urteil zu fällen. Das Amendment 211 spricht den Gerichten die Kompetenz in dieser Angelegenheit ab.

Nach Auffassung der cubanischen Regierung verweigert ihr dieses Amendment »auf dem Gebiet der Vereinigten Staaten ohne jede Rechtfertigung den Schutz der Rechte, die ihr rechtmäßig zustehen (...). Jeder Cubaner, jedes cubanische Unternehmen und jegliche Person, die im

Namen der cubanischen Behörden handelt, werden von den Vorteilen ausgeschlossen, die sich aus internationalen oder multilateralen Verträgen oder Übereinkünften herleiten (...).« So im Fall der Havana Club Holding, der insbesondere die Anwendung des TRIP Vertrages (Trade Related Aspects of Intellectual Property) auf cubanische Markenbezeichnungen und Handelsnamen betrifft.

In derselben Erklärung, die von verschiedenen Ländern und der Europäischen Union unterstützt wird, bezeichnet Cuba das Amendment 211 »als einseitig ausgeübte Maßnahme, die internationalem Recht widerspricht und eine nie da gewesene Ausdehnung und Verstärkung der Wirtschafts-, Handels- und Finanzblockade darstellt.«

Selbst wenn man gegen das cubanische System eingestellt ist, muss man zugeben, dass Amendment 211 ein Gesetz nach dem Herzen Bacardi-Martinis ist und sich, jedenfalls bis jetzt, ausschließlich gegen Havana Rum and Licours und seinen Geschäftspartner Pernod-Ricard richtet.

Es ist wichtig zu erwähnen, dass dieser Gesetzeszusatz von den Kongressabgeordneten Connie Mack und Robert Graham eingebracht wurde, denselben, die das Torricelli-Graham- und das Helms-Burton-Gesetz vorantrieben. Außerdem besteht eine auffällige Übereinstimmung zwischen den in diesem Zusatz benutzten Formulierungen und einem Text, der am 21. Mai 1998 vor dem Rechtsunterausschuss für intellektuelles Eigentum von Ignacio Sánchez, dem Bacardi-Anwalt und Mitverfasser des Helms-Burton-Gesetzes, vorgelegt wurde.

Die Vereinigten Staaten bleiben stumm

Gegen die von Cuba und der Europäischen Union vorgebrachten Beschwerden führten die Vereinigten Staaten an, sie würden mit dem Abschnitt 211 keinerlei internationale Bestimmungen verletzen. Am 2. Dezember 1998 legte die cubanische Regierung dem Rat des TRIP eine Beschwerde gegen die USA vor, in der sie um eine Erklärung bat, wieso Amendment 211 nicht gegen internationale Verträge verstoße.

Fast vier Monate später legte die US-Delegation dem Rat den Text des Zusatzes vor und wies in einer zusätzlichen Note darauf hin, dass er im Internet nachzulesen sei. Neben der Europäischen Union waren auch andere Länder der Auffassung, dies stelle eine unangemessene Antwort dar. Daraufhin nahm die Delegation der Vereinigten Staaten die anmaßende Haltung an, die für dieses Land so charakteristisch ist, und zog sich zurück. Dabei teilte sie mit, sie sei bereit, auf alle Fragen zu antworten, wenn sie denn schriftlich gestellt würden...

Viel mehr als ein »Krieg« um Rum

Am 4. Februar 2000 fällte das Appellationsgericht der Vereinigten Staaten ein Urteil, das schwer wiegende Auswirkungen auf den internationalen Handel zur Folge haben kann. Gestützt auf das Helms-Burton-Gesetz und Amendment 211 erlaubte es dem Bacardi-Martini-Konzern, in den USA einen Rum mit dem Namen Havana Club zu verkaufen. Zurzeit kann das Imperium den Beschluss nicht in die Tat umsetzen, da gegen dieses Urteil Berufung eingelegt wurde. Was passiert aber, wenn es, allen internationalen Bestimmungen zum Trotz, Bacardi-Martini endgültig gelingt, in den USA die Markenbezeichnung an sich zu reißen?

Die cubanische Regierung hat schon seit 1999 signalisiert, dass die Entscheidung der US-Gerichte sie dazu berechtigt, auf gleiche Weise vorzugehen. Das bedeutet, den Schutz für mehr als vierhundert in Cuba registrierte US-Marken zurückzuziehen. Was würde passieren, wenn Tropicola unter dem Namen Coca Cola abgefüllt würde? Oder wenn falsche McDonald's Restaurants in Varadero eröffnet würden? Ohne Scherz und Übertreibung, wer wollte ausschließen, dass diese beiden dann sofort zu einer neuen Invasion Cubas oder zu einer totalen See- und Luftblockade aufrufen würden?

Bacardi und die Vereinigten Staaten setzen sich über internationale Regelungen hinweg, sobald ihre Interessen im Spiel sind. Und der Konkurrenzkampf der Mächtigen fordert seine Opfer. Es geht hier nicht um eine einfache Konfrontation des Bacardi-Konzerns und der USA mit der cubanischen Regierung. So will es Bacardi aussehen lassen, und so wiederholen es auch fast alle Informationsmedien. Nein: Sie sabotieren hier Regeln, die sie selbst als heilig betrachten, nämlich die Bestimmungen zum Schutz der Handelsmarken. Es handelt sich um eine Konfrontation, in der dem Mächtigsten alle Strategien und Waffen zur Verfügung stehen, wenn er versucht, jedwede Form von Widerstand zu brechen. Die Supermacht und das Supermonopol heben im Namen des Wettbewerbs und des Privateigentums eben dieselben auf. Ein sehr gefährliches Spiel, denn das System der Globalisierung der Märkte benötigt minimale Verhaltensregeln, um nicht in den Abgrund zu stürzen, auf den es sich augenblicklich zubewegt.

Paradoxerweise befindet sich jetzt ausgerechnet Cuba, das immer an vorderster Front steht, wenn es darum geht, dieses alles zermalmende System anzuklagen, im Zentrum der Auseinandersetzung.

Viele der in Cuba registrierten US-Marken (die sich aber wegen der von ihrer eigenen Regierung verhängten Blockade dort nicht wirklich etablieren können) haben einen größeren Wert als alle Fabriken, Laboratorien, Büros und Maschinen zusammengenommen, die sie überall auf der Welt verteilt haben. Der Wert der beiden oben erwähnten Marken ist, um das Beispiel weiterzuführen, höher als das Bruttoinlandsprodukt vieler Länder der so genannten Dritten Welt. Sicher gibt es Getränke von höherer Qualität als Coca Cola (von den McDonald's-Produkten ganz zu schweigen), aber der Wert dieser Namen liegt darin, dass sie für Millionen Konsumenten auf der Welt etwas bedeuten (die beiden genannten und Bacardi gehören zu den zehn wertvollsten auf diesem Planeten). Deswegen stecken sie auch so viel Geld in den Kampf gegen Piratenprodukte. Wenn die Eigentümer einer solch angesehenen Handelsmarke etwas fürchten, dann ist es die Piraterie. Sie hat nicht nur zur Folge, dass ihre eigenen Produkte weniger verkauft werden. Gravierender noch ist, dass das gefälschte Produkt von minderer Qualität allmählich das Image zerstört und die regelmäßigen und potenziellen Konsumenten verprellt.

Ist es das, worauf Bacardi aus ist? Der Multi muss doch wissen, dass er eine so große Lüge gegenüber dem Konsumenten nicht lange aufrecht erhalten kann.

Kapitel 14
Systemwechsel und »Wiederaufbau« in Cuba

Der »Wiederaufbau« Cubas

Ende 1991 erwarteten alle den Zusammenbruch des cubanischen Regimes. Ohne die Unterstützung der ehemaligen Handelspartner des sozialistischen Blocks in Europa gab es niemanden, der es hätte retten können. In Miami stritten sich die diversen Führer der konterrevolutionären Gruppen in aller Öffentlichkeit heftig darum, wie die Regierungsposten zu verteilen seien, mit dem Amt des Präsidenten angefangen.

In der Zwischenzeit begannen die Magnaten, deren Besitz enteignet worden war, ihre Koffer zu packen, um reisefertig zu sein, wenn die ersehnte Nachricht sie erreichen würde.

Der Vorstand und die Aktionäre des Bacardi-Konzerns waren zuversichtlich, zu dem engen Kreis von Privilegierten zu gehören, der sich mit Sicherheit auf den Weg zurück würde machen können. Ihr Vorrecht leiteten sie aus ihren engen Beziehungen zu den höchsten Entscheidungsebenen der Vereinigten Staaten ab, aus ihren mächtigen internationalen Handelskontakten, aus der effizienten Arbeit, die sie hinter den Kulissen in der Fundación geleistet hatten. Und natürlich war da auch noch ihr milliardenschweres Dollarkapital.

Daher ist es nur verständlich, dass sie der Schaffung der »Blue Ribbon Commission on the Economic Reconstruction of Cuba« zustimmten. Diese Kommission ist ein weiteres Anhängsel der Fundación, jener Organisation also, die alle Trümpfe für eine Machtübernahme in einem postrevolutionären Cuba in der Hand hatte. Keine andere konnte sich auch nur entfernt auf so viel Macht und so große Akzeptanz beim US-Establishment berufen.

Die Kommission wurde als »Projekt des politischen und wirtschaftlichen Übergangs« ins Leben gerufen, um Antworten auf die »Heraus-

forderung des cubanischen Wiederaufbaus« zu geben.[183] Sie sollte Informationen über die Schlüsselsektoren der cubanischen Wirtschaft zusam-
menstellen und Strategien für die Makroökonomie formulieren, die
schließlich in der Einführung einer freien Marktwirtschaft neoliberalen
Zuschnitts münden sollten. Dem ehrgeizigen Plan zufolge, der ausgearbeitet wurde, ohne auch nur irgendjemanden auf der Insel zu berücksichtigen, sollten die neuen Regierenden nicht länger als zwei Jahre dazu
benötigen, das gesamte öffentliche Eigentum zu verscherbeln. Die Privatisierung würde es den ausländischen Unternehmen ermöglichen,
achtzig Prozent der Aktien zu ergattern, um welchen Wirtschaftsbereich
es sich auch handeln mochte. Eine Art von Geschäftsliquidierung mit
Ausverkaufscharakter.

Der Spezialist der Heritage Foundation für Lateinamerika, Thomas
Cox, agierte als Präsident der Kommission. Malcolm Forbes, der Direktor von *Forbes*, der Zeitschrift für Investoren, fungierte als leitender Direktor. Ebenfalls mit von der Partie waren Arthur Laffer, Präsident
Reagans bevorzugter Wirtschaftsfachmann, William Clark vom Nationalen Sicherheitsrat, die Politiker Robert Torricelli, Dante Fascell, Ileana Ros-Lehtinen, Connie Mack genauso wie Jeane Kirkpatrick und das
AFL-CIO Vorstandsmitglied William Doherty. Zweiter Vorsitzender war
Jorge Mas Canosa, der Chef der Fundación Nacional Cubano-Americana, der sich selbst zum zukünftigen Präsidenten eines postrevolutionären Cubas ernannte.

In sehr kurzer Zeit gelang es der Kommission, wichtige multinationale Konzerne für sich zu gewinnen. Diese, so sah es der Plan vor, sollten eine bevorzugte Behandlung bei der Privatisierung erfahren, da sie
dem Projekt von Anfang an positiv gegenüberstanden. Zu ihnen gehörten: Bell South, Coca Cola, General Sugar, Chiquita und logischerweise Bacardi.

Eine Insel zum Verkauf

Der ehemalige Direktor von *Radio Martí*, Ernesto Betancourt, schrieb
im *Nuevo Herald*[184] einen Artikel, den auch die *New York Times* brachte.

Darin lehnt er die Sonderkommission für den wirtschaftlichen Wiederaufbau Cubas völlig ab. Aber nicht nur das: Er vertrat außerdem die
Meinung, dass Präsident Bush einen großen Irrtum begehe, wenn er
die Fundación unterstütze, weil sie »eine Organisation ist, deren Führung von ehemaligen Kollaborateuren der gehassten Batista-Diktatur
und deren Familienangehörigen beherrscht wird«. Eine sehr heikle und
vielsagende Anschuldigung, für die aber keiner der Bacardi-Aktionäre
in der Fundación Nacional Cubano Americana eine Richtigstellung ver-
langte.

In anderen Teilen seines Artikels äußert sich Betancourt folgendermaßen zur Schaffung dieser Kommission und zu ihrer Zielsetzung:

»Bei ihrem Jahrestreffen (im Frühjahr) kündigte die Fundación die
Bildung einer Kommission an, die einen Plan für den wirtschaftlichen
Wiederaufbaus Cubas entwerfen soll (...).

Der Sohn des Präsidenten, Jeb Bush, war Gastgeber, und Ex-Präsi-
dent Reagan war anwesend, um dem Ganzen seinen Segen zu geben (...).

Wenn Sie Cubaner wären, würden Sie dann nicht denken, dass die
Vereinigten Staaten einen Plan ausarbeiten, der die Zukunft Cubas be-
stimmt, und dass ihre Regierung die Fundación Nacional Cubano
Americana ausgewählt hat, um ihn durchzuführen?

Die Gruppe gibt an, dass sie Käufer hat, die bereit sind, 15.000.000
(sic!) für 60 % des cubanischen Bodens und andere Werte zu bezahlen.

Niemand hat die Fundación dazu befugt, die Insel zu verkaufen (...).

*Auch wenn die Führer der Fundación es abstreiten, so treten sie im privaten Kreis
für eine nordamerikanische Intervention ein (...).«*[185]

Freier Handel?

Im *Miami Herald* heißt es: »Die Geschäftsleute der Fundación sind Prag-
matiker. Sie verstanden es, im Hintergrund zu bleiben, während ihr
Führer (Jorge Mas Canosa) alle Anerkennung bekam, ihnen aber die
Verwirklichung ihrer Ziele garantierte (...).«[186]

Genau so war es. Auch wenn einige Bacardi-Direktoren und Aktionäre in den neunziger Jahren eine öffentliche Bühne nicht verschmähten,

um ihre politischen und ökonomischen Vorstellungen in Bezug auf Cuba offen darzulegen.

Juan Grau ging Ende der fünfziger Jahre von Cuba nach Mexiko, wo er zweiter Chef der dortigen Destillieranlage Bacardis wurde. Kurze Zeit später begann er seine Aufgaben bei Bacardi mit solchen in der Erdöl-industrie des Landes zu verbinden. Beim zwölften Kongress der Indu-strie- und Handelskammern Lateinamerikas, der am 21. September 1991 in Miami tagte, wurde Juan Grau, damals schon Präsident von Bacardi Import Inc., als Industrieller des Jahres geehrt. In seiner Ansprache brachte er zum Ausdruck, dass der freie Handel zwischen den Nationen des amerikanischen Kontinents »lebenswichtig für die Weltordnung ist, die auf dem ehrwürdigen Prinzip des ›laissez faire‹ basiert, welches mehr oder weniger folgendermaßen zu übersetzen ist: Wenn die Menschen kaufen oder verkaufen, sollen die Regierungen sich raushalten (...).« Auf das Freihandelsabkommen (ALCA) zwischen Mexiko, Kanada und den Vereinigten Staaten Bezug nehmend sagte er: »Dies wird ein Modell für die zukünftige wirtschaftliche Integration des übrigen Lateinamerika sein.«[187]

Der Text der Grundsatzerklärung drückt die Hoffnung aus, dass 1992 »Cuba frei wäre« und »das Konzept des internationalen Handels übernommen habe.«

Gleichzeitig unterstreicht er die Notwendigkeit, alle staatlichen Un-ternehmen in Cuba und Lateinamerika zu privatisieren und so die von Präsident Bush sen. vorgeschlagene »Initiative für die Amerikas« zu unterstützen. Man tut gut daran, sich zu erinnern, dass der vom US-Präsidenten in seiner »Initiative« vorgelegte Entwurf, der Ende 1990 mit viel Medienrummel verkündet wurde, auf den neo-liberalen Postulaten beruht, die nach dem Zusammenbruch der Länder des sozialistischen Ostblocks in Mode gekommen waren. Ihre politische Inspiration stamm-te aus den so genannten *think tanks*, wie der Heritage Foundation, die folgendes Credo verkündete: »Demokratische Gesundung kommt aus dem freien Unternehmertum und den Gesetzen des Marktes.«[188] Da kann man nur noch einmal sagen: Eine seltsame Art von Demokratie.

Humanitäre Unternehmer

Zu Beginn des Jahres 1994 kam in der Cuban Humanitarian Assistance Society »eine Gruppe von angesehenen Unternehmern und Persönlichkeiten der cubano-amerikanischen Gemeinde« zusammen, um einen Plan auszuarbeiten, wie dringende Hilfslieferungen in großen Mengen nach Cuba gelangen können, »sobald sich dort eine Veränderung in Richtung Demokratie und freie Marktwirtschaft ergibt«. Auch wenn die Teilnehmer es nicht zu bemerken scheinen, so sind ihre Postulate zwar recht widersprüchlich, aber sie geben letztendlich ziemlich klar über die wirklichen Ziele Auskunft: »Die Gesellschaft ist eine nicht-politische Organisation, das heißt, sie ist unabhängig und nicht parteiengebunden (...). Trotzdem muss klar sein, dass die Gesellschaft gegen Castro ist, (aber) unser kategorischer Anticastrismus beeinträchtigt nicht die Parteilosigkeit der Gesellschaft, sondern er verstärkt sie. Im andern Falle wäre sie nicht ›apolitisch‹ sondern schlicht und einfach heuchlerisch.«[189]

Einige Tage später wurden die vom Vorstand der Gesellschaft gemachten Erklärungen wieder aufgegriffen. In einem Presseartikel mit dem Titel »Unternehmer kündigen Komitee zum Wiederaufbau Cubas an« werden genauere Informationen gegeben, die deren apolitischen humanitären Charakter wieder infrage stellen und ihre Nähe zu anderen extremistischen Organisationen und zur Destabilisierungspolitik der Vereinigten Staaten erkennen lassen. Die Gesellschaft ist:

»ein politisches Druckinstrument auf das Regime in Cuba. Sie ruft außerdem die Regierung der Vereinigten Staaten dazu auf, sie aktiv bei ihren Bemühungen für den Wiederaufbau der Insel nach dem Sturz Castros zu unterstützen (...).

Die Gesellschaft könnte sich in einen wichtigen Baustein bei der Koordinierung der US-Hilfe für Cuba verwandeln (...). Andere Organisationen, wie die Hermanos al Rescate und die Fundación Nacional Cubano-Americana, die bereits Pläne für die Sendung von Hilfslieferungen nach Cuba entwickelt haben, könnten diese mit der Gesellschaft koordinieren.«

Der herausragende Unternehmer der Cuban Humanitarian Assistance Society war Juan Grau, der, wie wir schon wissen, einen der höchsten Posten im Bacardi-Vorstand innehat.

Der US-Cuba Business Council

Im November 1993, fast drei Jahre nachdem die Fundación die Sonderkommission für den wirtschaftlichen Aufbau Cubas ins Leben gerufen hatte, schuf man den US-Cuba Business Council. Die Forderungen beider Einrichtungen waren ziemlich identisch, nur dass die des Councils nicht jene Kriterien enthielten, die so viele Cubaner in den Vereinigten Staaten und Europa gestört und verletzt hatten. Der Council schlug nicht vor, wie Ernesto Betancourt über die Kommission gesagt hatte, »60 % des cubanischen Bodens und andere Güter« zu verkaufen. Er sprach nicht von Verkauf und Prozenten, aber seine Absichten gingen noch darüber hinaus, nur dass sie in einer nuancierten Sprache geäußert wurden. Seit seiner offiziellen Registrierung in Washington haben sich seine Ziele nicht geändert, sondern nur an die Cuba-Politik der USA angepasst.

Der Council hat sich für gemeinnützig erklärt. In seinem Vorstand sind fast ausschließlich US-Staatsbürger vertreten, wie aus seinen eigenen Dokumenten hervorgeht, »mit wichtigen Erfahrungen auf diplomatischem und politischem Gebiet, sowohl auf internationaler Ebene als auch im Unternehmensbereich. Ihnen allen ist jahrelange Erfahrung zum Thema Cuba gemein. Der Council hat Zugang zu einem breiten Netz prominenter Experten und Berater, die sich mit den Themen Entwicklung und Unternehmen in Cuba beschäftigen.« Offensichtlich lebt keiner dieser »Experten« in Cuba.

Bacardi, Kelley Drye & Warren, Chiquita, Coca Cola, Colgate Palmolive, Ford Motor, General Motors, Miami Herald, Pepsi Cola, Texaco, Amstar etc. sind nur einige der Gesellschaften, die im Council vertreten sind.

Das Hauptanliegen des Business Council ist: »Sich bereithalten für Handel und Investitionen in einem demokratischen Cuba mit freier Marktwirtschaft.«[190] Da der Council sich mehrheitlich aus Korporationen zusammensetzt, die, weil sie verstaatlicht wurden, Forderungen an die cubanische Regierung stellen, »unterstützt er die gegenwärtige US-Politik gegenüber Cuba, die ausgerichtet ist auf Wiedererlangung der konfiszierten Güter und auf demokratische Veränderungen, die Freiheit und Menschenrechte unter der Herrschaft des Gesetzes garantieren.«

In der Zielsetzung des Business Council USA-Cuba heißt es weiter, man wolle, ausgehend »von einer strikt unpolitischen, neutralen Basis, die Zusammenarbeit zwischen geschäftlichen, zivilen und wissenschaftlichen Organisationen fördern, die unsere Vorstellungen von Demokratie und Marktwirtschaft für Cuba teilen«. Diese »Zusammenarbeit« ist unerlässlich, um die Vorhaben des Council voranzutreiben:

»Im Falle der Wiederaufnahme der Beziehungen zwischen den Vereinigten Staaten und Cuba wird der Council, gemäß den US-Gesetzen und den zukünftigen Regelungen in Cuba, seine Aktivitäten verstärken, um Privatinvestitionen nach Cuba zu holen, Cubas wirtschaftlichen Wiederaufbau zu unterstützen und gleichzeitig die Cubaner über die Vorteile der freien Marktwirtschaft aufzuklären (...).«

Sind das nicht mehr oder weniger die gleichen Worte, die die Fundación Nacional Cubano Americana und all jene Organisationen benutzt haben, die für ein Cuba im Stile Puerto-Ricos kämpfen, für eine Halbkolonie?

Bacardi – als Garant des wirtschaftlichen *Übergangs*?

Wenn z. B. morgen die cubanische Revolution ihr Leben aushauchen würde, wäre die Zahl der konterrevolutionären Führer groß, die aggressiv, mit viel Geschrei und Trara anfangen würden, über die Posten zu streiten, wie es beim Zusammenbruch des sozialistischen Lagers in Europa ja auch geschehen ist. Auch wenn der unbestrittene Führer der FNCA, Jorge Mas Canosa, im November 1997 gestorben ist, so sind es doch deren Mitglieder und Verbündete, die weiterhin die besten Chancen auf Regierungsämter haben. Aber auch sie müssten sich dem Diktat des Helms-Burton-Gesetzes unterordnen, da dieses von Anfang bis

Ende festlegt, wie der Prozess des *Übergangs* vonstatten zu gehen hat.
Denn unabhängig davon, wen Washington in diesem Augenblick an
der Spitze des Übergangsprozesses akzeptiert, und bevor irgendeine
postrevolutionäre Regierung anerkannt wird, verlangt das Gesetz vom
US-Präsidenten, eine besondere Institution zu schaffen. Diese soll zum
Grundpfeiler der wirtschaftlichen Umstrukturierung des neuen Staates
werden, und Abschnitt 203 des Gesetzes besagt, dass diese Institution
US-Cuba Council zu nennen sei und die Aufgabe habe:

1. zu garantieren, dass die Aktivitäten der US-Regierung und des Pri-
   vatsektors, die darauf abzielen, auf den in Cuba stattfindenden
   Wandel zu reagieren und auf der Insel eine auf dem Markt beruhen-
   de Entwicklung zu fördern, aufeinander abgestimmt sind;
2. periodische Treffen zwischen den Vertretern des privaten Sektors
   der Vereinigten Staaten und Cubas einzuberufen, um den bilatera-
   len Handel zu erleichtern.

Nach Otto Reichs Aussage ist die Ernennung eines Business Council
»immer dann eine Routineangelegenheit, wenn die Vereinigten Staaten
mit einem anderen Land einen bindenden Vertrag eingehen.«[191]

Das Besondere an der Angelegenheit ist, so die gleiche journalistische
Quelle, dass dieser Council, »verwaltet von Otto Reich (..)«, bereits ins
Leben gerufen wurde, obwohl der cubanische Staat noch existiert. Und
welch ein Zufall: Es handelt sich hier um denselben Reich, der im Auftrag des Multis Bacardi an der Schaffung des Helms-Burton-Gesetzes
beteiligt war.

Zur Koexistenz zwischen Bacardi, dem Business Council und dem
Helms-Burton-Gesetz gehören noch mehr Namen. Robert Freer jr.,
Gründer und derzeitiger Generalsekretär des Council, hat ebenfalls seinen Anteil am Gesetz, genauso wie der Rechtsanwalt Ignacio Sánchez,
der in der Kanzlei Kelley, Drye & Warren angestellt ist, die für Bacardi
arbeitet und dem Council angehört.

Das andere Gründungsmitglied ist Thomas Cox, zurzeit Vizepräsident des Business Council, Spezialist der Heritage Foundation und ehemaliger Koordinator der von der Fundación Nacional Cubano Americana eingerichteten Sonderkomission für den wirtschaftlichen Wiederaufbau in Cuba. Auch Juan Prado, Bacardi-Aktionär, im Vorstand des

Konzerns und zusätzlich ein wichtiges Mitglied von Cuba On-Line, hat den Council mitbegründet.[192]

Vor allem aber Manuel J. Cutillas, das Oberhaupt des Bacardi-Martini-Imperiums. Er ist Vermögensverwalter der Fundación Nacional Cubano Americana, Ehrenkonsul von Mexiko und den Bahamas, Ex-Direktor der mexikanischen Televisa und einer der Herrscher im Tempel der kapitalistischen Diktatur, dem Weltwirtschaftsforum (Forum von Davos).[193] Er war der wichtigste unter den Begründern des Business Council und hat heute den Titel eines Ehrenpräsidenten inne. Es handelt sich um denselben Cutillas, der »an den Bemühungen beteiligt war, das Verschwinden des Castro-Regimes zu beschleunigen (...).«[194]

Das Cuba des »Übergangs«

Das Helms-Burton-Gesetz fordert auch, dass der US-Präsident einen Plan erstellt, der die Wirtschaftshilfe für ein Cuba im *Übergang* regelt. Dieser Zeitpunkt ist zwar noch nicht gekommen; trotzdem erhält der Business Council bereits Geld vom Nationalen Demokratiefonds (National Endowment for Democracy – NED) und von US-AID, um das Programm »Cuba transition« voranzutreiben und »der Regierung der Vereinigten Staaten bei ihren Anstrengungen behilflich zu sein.« Bis jetzt »ist der Council die einzige Organisation dieser Art, die an einer für die US-Regierung so wichtigen Initiative mitwirkt«, wie es in der öffentlichen Dokumentation des Council weiter heißt. Im Jahre 1999 wurden ihm von US-AID zu diesem Zweck 567.000 $ überreicht. Bereits vorher hatte er 300.000 $ erhalten, damit seine »Experten sich an den privaten Sektor richtende Veranstaltungen über die cubanische Ökonomie und die Unterstützung der Demokratie in Cuba« abhielten.

Zusammenfassend ist festzustellen, dass das Programm »Cuba transition« unter anderem folgende Punkte enthält: Meinungsumfragen bei großen US-Gesellschaften zu den Themen Investition und Handel nach dem Embargo, Untersuchungen über die Schlüsselindustrien in Cuba und ihre Entwicklungsmöglichkeiten, Konferenzen über die Zukunft Cubas, Berichte über die aktuellen ausländischen Transaktionen und

Jointventures in Cuba sowie Klagen, die wegen konfiszierten Eigentums eingebracht wurden.

Aber das ist nicht alles. Der Council sieht es zusätzlich als seine Aufgabe an, die Firmen um die Bereitstellung von »Nahrung, Medizin und anderen Gütern« zu bitten, um sie an die cubanische Bevölkerung zu verteilen. Auch wenn die Verteilung erst im Augenblick des *Übergangs* erfolgen soll, so scheint es, dass man mit diesem »Hilfsprogramm« schon begonnen hat. Seine Ziele sind nicht so sehr humanitärer Natur, es soll vielmehr dabei helfen, »in der cubanischen Bevölkerung wieder das Bild vom amerikanischen Unternehmen erstehen zu lassen, das zur sozioökonomischen Entwicklung beiträgt«.

Hat Bacardi vor, Cuba zu versteigern?

Wenn die Pläne so ausgeführt werden, wie es auf dem Papier steht, wird es letztendlich der US-Cuba Business Council sein, der in einem nachrevolutionären Cuba bei der Umsetzung der wichtigsten Ziele des Helms-Burton-Gesetzes die größte Entscheidungsgewalt innehat: Bei der Versteigerung und Aneignung der Insel durch US-Konzerne, die cubano-amerikanischen eingeschlossen.

Wie aus dem Gesagten hervorgeht und aufgrund all der Verrücktheit, die das Geld im Gesetzgebungssystem der Vereinigten Staaten anrichtet, werden Vorstandsmitglieder und Vertreter eines multinationalen Konzerns, der noch nicht einmal zu diesem Land gehört, diesen Prozess anführen.

Falls diese Zeit kommt, werden die Unternehmen, die mit verstaatlichtem Eigentum illegale Geschäfte gemacht haben, ihre Kühnheit teuer bezahlen. Sie werden sowohl für die Zeit, die sie auf Cuba tätig waren, zur Kasse gebeten, als auch für das Recht, bleiben zu dürfen. So müsste Pernod-Ricard z. B. das Geld für jede verkaufte Flasche zurückzahlen und die Sol-Melía Hotels die Einnahmen von jedem Touristen, den sie beherbergt haben; andernfalls würden sie ausgewiesen.

Das ist der Traum, den Bacardi und die Vereinigten Staaten zu Papier gebracht haben, aber er wird sich nicht ganz so einfach verwirklichen lassen: Täglich steigt die Zahl der ausländischen Investitionen in Cuba. Wenn es einmal so weit käme, würde die Insel für das kapitalistische System und seine Globalisierung zum Schauplatz einer Konfrontation unvorstellbaren Ausmaßes.

Schlusspunkt

Als Firma, die den US-Interessen bis zum Äußersten dient, bietet Bacardi Cuba den Status einer Halbkolonie an. Als großer Anhänger der Diktatur des wilden Kapitalismus verspricht Bacardi-Martini, Cuba in eine Freihandelszone zu verwandeln, vollgestopft mit *maquilas business*.[195]

Eine zu weit hergeholte Schlussfolgerung? Für das Ende des Buches können die Worte von Eduardo Sardiña, eines der bedeutendsten Vorstandsmitglieder des Konzerns, als Schlusspunkt dienen: »Wenn die Vereinigten Staaten Cuba anerkennen und die Geschäftsbedingungen günstig sind, kann Bacardi ernsthaft in Erwägung ziehen, nach Cuba zurückzukehren.«[196]

Ohne Kommentar. Besser noch, Auslassungspunkte ...

Nachwort

Die Fundación Nacional Cubano Americana und das Center for a Free Cuba sind zwei in den Vereinigten Staaten registrierte Organisationen. Sie haben einige Dinge gemein: Beide erklären sich für gemeinnützig, unabhängig, keiner Partei zugehörig und informieren auf internationaler Ebene über die politische und wirtschaftliche Lage und die Menschenrechtssituation in Cuba. Dies alles geschieht, wie es veröffentlichte Dokumente besagen, um zur Zerstörung des revolutionären Prozesses in Cuba beizutragen.

Und noch ein äußerst wichtiger Punkt eint beide Organisationen. Nicht nur, dass sie von Bacardi finanziell unterstützt werden, auch in ihrem Vorstand finden sich führende Persönlichkeiten des Rum-Multis.

Clara María del Valle ist Bacardi-Aktionärin, deren Vater bei der Invasion in der Schweinebucht dabei war und die terroristische Miami-Organisation Representación Cubana en el Exilio (RECE) förderte, die zusammen mit der Fundación Nacional Cubano Americana international am aktivsten zum Thema Menschenrechte arbeitete. Dabei agierte man zusammen mit Luis Zuñiga, der 1974 von den cubanischen Sicherheitskräften festgenommen wurde, als er versuchte, Cuba zu infiltrieren, um terroristische Akte durchzuführen. Señora del Valle ist Vizepräsidentin der Fundación, und sie war es auch, die den Brief unterzeichnete, den die Fundación veröffentlichte, um ihre Unterstützung für die Bombenattentate auszudrücken, die 1997 in einigen cubanischen Hotels verübt wurden. Dabei wurden verschiedene Personen verletzt und ein italienischer Staatsbürger getötet. Auch Ignacio Sánchez, gleichfalls Direktor der Fundación, außerdem einer der Hauptanwälte von Bacardi und Mitverfasser des Helms-Burton-Gesetzes, unterzeichnete die Proklamation.

Vier weitere Bacardi-Aktionäre gehören zur obersten Leitung der Fundación Nacional Cubano Americana. Dabei darf auch nicht übersehen werden, dass es der Terrorist Luis Posada Carriles war, der besagte Attentate mit dem Geld der Fundación vorbereitete, wie er der *New York Times* erklärte.

Seit Präsident Ronald Reagan im Jahre 1981 die Direktive Nr. 17 unterzeichnete, in der die Bedeutung hervorgehoben wurde, mit der »cubanischen Gemeinde im Ausland« zusammenzuarbeiten, »um öffentlichen Druck gegen Cuba zu erzeugen und die Sache der Menschen- und der politischen Rechte ins Scheinwerferlicht zu rücken«, haben sich Mitglieder der extrem rechten Gruppen dieses Anliegen auf ihre Fahne geschrieben.

Einer der ersten war Frank Calzón, der, wie wir auf den vorhergehenden Seiten gesehen haben, aus terroristischen Organisationen kommt, die von der CIA geleitet wurden. Calzón war Mitglied von Freedom House und Of Human Rights und erster »chairman« der Fundación Nacional Cubano Americana. Augenblicklich ist er Direktor des Center for a Free Cuba. Auch dieses wird vom NED finanziert und zählt unter anderem die ehemalige Botschafterin Jeane Kirkpatrick, Otto Reich, William Doherty, Modesto Maidique und Luis Aguilar León zu seinen Vorstandsmitgliedern. Sie alle stehen mit den US-Sicherheitsdiensten und den konterrevolutionären Plänen in Beziehung.

Und noch etwas: Der Vorsitzende des Centers ist Manuel J. Cutillas, FNCA-Direktor und höchster Chef von Bacardi.

Und eine weitere Gemeinsamkeit. Es waren auch diese beiden Organisationen, die die größte Lobbyarbeit im Falle des Kindes Elián Gonzalez durchführten, das illegal, gegen alle internationalen Gesetze und gegen den Willen seines Vaters, der in Cuba wohnt, in den Vereinigten Staaten festgehalten wurde.

Anmerkungen

1   Amerika ist ein Kontinent, kein Land. Es ist ein Irrtum, die Bürger der Nation, deren Name Vereinigte Staaten ist, als Amerikaner zu bezeichnen. Genauso falsch ist es, sie Nordamerikaner zu nennen, denn zu dem betreffenden Teil des Kontinents gehören auch Kanada und, wie so mancher meint, sogar Mexiko. Deswegen benutzt der Autor ›US-amerikanisch‹ für alles, was sich auf dieses Land und seine Einwohner bezieht. Wir respektieren aber die Terminologie der Zitate und Quellen.

2   *El Nuevo Herald,* Miami, 21. Januar 2000.

3   Nicolás Torres Hurtado: *Orígenes de la Compañia Bacardí.* Santiago de Cuba, 1977; Fotokopie. Der Verlag geht daraus nicht hervor. Die Daten und offiziellen Bilanzen der *Sociedad Bacardí-Bouteiller* und der späteren *Compañia Bacardí* hat der Autor hauptsächlich diesem Text entnommen. Darin sind die wichtigsten Ergebnisse der Jahresbilanzen von 1880 bis 1919 verzeichnet. Außerdem werden einige Gewinne des Unternehmens zwischen 1920 und 1954 hier erwähnt.

     Der Direktor des Rum-Museums in Santiago de Cuba, José *Pepín* Hernández, lieferte dem Autor äußerst wertvolle Informationen für die ersten Kapitel, auch wenn er für das Endergebnis nicht verantwortlich ist.

4   *The World of Bacardí-Martini.* Herausgegeben für *Bacardí Limited-Pembroke,* Bermudas von Sidney M. Maran. Das Herausgabedatum dieser Ausgabe ist nicht bekannt, es wird aber sicherlich in der zweiten Hälfte der 90er liegen.

5   Nicolás Torres Hurtado: *Orígenes de la Compañia Bacardí.* Santiago de Cuba, 1977, Fotokopie.

6   Ebda.

7   Martin Gosch/Richard Hammer: *Lucky Luciano: Le Testament.* Stock, Paris, 1975

8   Ebda.

9   *The World of Bacardí Museum.* Bacardí-Martini U.S.A., Inc. Miami, 1996.

10   *The World of Bacardí-Martini.* Herausgegeben für *Bacardí Limited-PemBrocke,* Bermudas, von Sidney M. Maran. Das Herausgabedatum dieser Ausgabe ist nicht bekannt. Es wird aber sicherlich in der zweiten Hälfte der 90er Jahre liegen.

11   Jacinto Torras: Zeitung *Hoy,* Havanna, 24. April 1943.

12   Jacinto Torras: Zeitung *Hoy,* Havanna, 8. Juni 1944.

13   *The World of Bacardí-Martini:* s. o.

14   Enrique Cirules: *El imperio de La Habana.* Casa de las Americas, La Habana, 1993.

15   Jesús Arboleya Cervera: *La contrarrevolución cubana.* Ciencias Sociales, La Habana, 1997.

16   Enrique Cirules: s. o.

17 Alejandro Benes: ›The Spirit of the Bat‹, *Cigar Aficionado,* Washington, 1996.

18 *The World of Bacardí-Martini:* s. o.

19 Ebda.

20 Earl Smith: *The Fourth Floor.* Random House, New York, 1962.

21 Patrick Kiger/John Kruger: ›Squeeze Play: The United States, Cuba, and the Helms-Burton Act‹, *The Center for Public Integrity,* Washington, März 1997.

22 Carlos Franqui: *Vida, aventuras y desastres de un hombre llamado Castro.* Planeta, Barcelona, 1978.

23 Chenot Bernard: *Les entreprises nationalisées.* Presses Universitaires de France, Paris, 1977. Zum Zeitpunkt der cubanischen Revolution gab es in England und Frankreich so viele staatliche Unternehmen, dass deren Zahl nur noch von der Sowjetunion und den übrigen sozialistischen Ländern übertroffen wurde. Alle strategischen Sektoren der Wirtschaft waren dort verstaatlicht.

24 Alejandro Benes: s. o.

25 Ebda.

26 *The World of Bacardí-Martini:* s. o.

27 Álvaro Vargas Llosa: *El Exilio Indomable.* Espasa-Cape, Madrid, 1998. Dieses Buch wurde auf Bitten der Fundación Nacional Cubano Americana, einer ultrarechten Organisation in Miami, erstellt, wie der Autor in den ersten Seiten durchscheinen lässt, aber das Endergebnis ist ihre Selbstdemaskierung. Zu den Personen, die vor dem Autor Stellung nehmen, gehört auch die Bacardi-Aktionärin und Direktorin der Fundación, Clara María del Valle.

28 José Ignacio Rasco: ›Orígenes de la Brigada 2506‹, *El Nuevo Herald,* Miami, 24. April 1997.

29 Die einfachen Anführungszeichen werden auf Bitten des Autors benutzt. (A. d. H.)

30 Álvaro Vargas Llosa: s. o.

31 *United States Position on Efforts by Cuban Exiles to Achieve,* Memorandum von Gordon Chase vom Stab des Nationalen Sicherheitsrats für den Sonderberater des Präsidenten für Fragen der Nationalen Sicherheit, Washington, 28. Mai, 1963. Zum engen Nationalen Sicherheitsrat gehören der Außen- und der Verteidigungsminister, der Sicherheitsberater, der Direktor des CIA, drei Berater des Weißen Hauses und der Justizminister.

32 Haynes Johnson: *La Baie des Cochons. L'invasion manquée de Cuba.* Robert Laffont, Paris, 1965.

33 Enrique Encinosa: *Cuba en guerra. Historia de la oposición anti-castrista 1959 –1993.* Fondo de Estudios Cubanos de la Fundación Nacional Cubano Americana, Miami, 1995.

34 Alvaro Vargas Llosa: s. o.

35 Carlos Rivero Collado: *Los sobrinos del tío Sam.* Akal, Madrid, 1977.

36 Carlos Rivero Collado, ehemaliges Mitglied der Brigade 2506, sagte in seinem gerade zitierten Buch über die Zeit von 1964 bis 1974: »Die RECE, die in allen

Zentren der Emigration organisiert war, hat viele Millionen Dollar gesammelt. Dieses Kapital investierte sie in Bankgeschäfte und vor allem in den Erwerb von Grund und Immobilien in Florida. So ist z. B. Ernesto Freire Vizepräsident der Jefferson National Bank von Miami Beach; Jorge Mas Canosa, einer der größten Aktionäre der mächtigen ›Keyes Realty Corporation‹ (von der auch Carlos Prío Socarrás und der enge Freund Richard Nixons, Bebe Rebozo Aktien besitzen), hat große Landflächen und bebautes Land im südlichen Teil des Dade Bezirks (...); Antonio Calatayud verwendete einen Teil seiner Beute, um die Radiosender WRIZ und Radio Mundo zu kaufen und mit Mas Canosa ein Immobiliengeschäft aufzumachen. Erneido Oliva erhielt als Belohnung für seine Arbeit bei der RECE ein Haus im Wert von mehr als 50.000 Dollar in Washington D.C.«

37   Gaeton Fonzi, der als Ermittler für Sonderkommissionen des US-Kongresses gearbeitet hat, veröffentlichte seine Informationen in zwei Texten: *The Last Investigations*. Thuder's Mouth Press, New York 1993, und ›Who is Jorge Mas Canosa‹, *Esquire,* Januar 1993.

38   Gaeton Fonzi: ›Who is Jorge Mas Canosa‹, *Esquire,* Januar 1993.

39   ›Memorandum to Mc George Bundy from Gordon Chase. Subject: assassination of Castro‹. The White House, Washington, 15. Juni 1965. Der Bericht, der dem Brief beigefügt war: ›Memorandum for: The Director of Central Intelligence. Subject: Plans of Cuban Exiles to Assassinate Selected Cuban Government Leaders‹, 10. Juni 1964.

40   Álvaro Vargas Llosa: s. o.

41   Miguel Talleda: *Alpha 66 y su histórica tarea*. Universal, Miami, 1995.

42   Álvaro Vargas Llosa: s. o. Die terroristischen Organisationen wie *Alpha 66*, 30. November und Kommando L, waren die ersten, mit denen die RECE gemeinsame Aktionen durchführte. Sie waren so radikal, dass die Behörden der USA, ja sogar die CIA selbst, zur Vorsicht aufriefen (siehe Enrique Encinosa: s. o.).

43   Álvaro Vargas Llosa: s. o.

44   Ebda.

45   Ebda.

46   Die *think tanks* in den Vereinigten Staaten sind Stiftungen oder Forschungszentren, die ohne Gewinn zu Themen der öffentlichen Politik arbeiten.

47   Álvaro Vargas Llosa: *El Exilio Indomable*. Espasa-Calpe, Madrid, 1998.

48   John Dinges/ Saul Landau: *Assassination on Embassy Row*. Pantheon Book, New York, 1980.

49   Patrick Kiger/John Kruger: ›Squeeze Play: The United States, Cuba, and the Helms-Burton Act‹, *The Center for Public Integrity,* Washington, März 1997.

50   Enrique Encinosa: *Cuba en guerra. Historia de la oposición anti-castrista 1959-1993*. Fondo de Estudios Cubanos de la Fundación Nacional Cubano Americana, Miami, 1994.

51   Alain Labrousse: ›Les obscurs destins de l'argent de la drogue‹, *Le Monde Diplomatique,* Paris, Januar 1992.

52 Jesús Arboleya Cervera: *La contrarrevolución cubana.* Ciencias Sociales, La Habana, 1997.

53 Gaeton Fonzi: ›Who is Jorge Mas Canosa‹, *Esquire,* Januar 1993.

54 Álvaro Vargas Llosa: s. o.

55 Enrique Encinosa: s. o.

56 Álvaro Vargas Llosa: s. o.

57 Gaeton Fonzi: ›Who is Jorge Mas Canosa‹, *Esquire,* Januar 1993.

58 Peter Dale Scott/Jonathan Marshall: *Cocaine Politics. Drugs, Armies, and the CIA in Central America.* University of California Press, Berkeley, Los Angeles, Oxford, 1991. Diese Untersuchung hat sich in eine unbestrittene Quelle verwandelt. Sie gibt nicht nur detailliert über die Beteiligung der cubanischen Konterrevolutionäre im Drogenhandel während des anti-sandinistischen Krieges Auskunft, sondern sie zeigt auch auf, dass viele von ihnen bereits vorher Erfahrungen mit der Materie hatten.

59 Gaeton Fonzi: s. o.

60 Es existiert eine ausgedehnte Dokumentation über das *Project Democracy* und die darin involvierten Personen, z. B:

Kerry Bericht: ›*Drugs, Law Enforcement and Foreign Policy*‹, *Subcommittee on Terrorism, Narcotics and International Operations of Foreign Relations, United States Senate.* U.S. Government Printing Office, Washington 1989.

Marshall; Scott/Hunter: *The Iran Contra Connection. Secret Themes and Covered Operations in the Reagan Era.* South End, Boston, 1985.

61 Joel Woldman: *The National Endowment for Democracy, Foreign Affairs and National Defense Division.* Congressional Research Service, Washington, Juni 1985.

62 Álvaro Vargas Llosa: *El Exilio Indomable.* Espasa-Calpe, Madrid, 1998.

63 Gaeton Fonzi: s. o.

64 Ebda.

65 Álvaro Vargas Llosa: s. o.

66 ›A New Inter-American Policy for the Eighties‹, besser bekannt als Santa-Fe-Dokument, wurde von einem Sonderkomitee ausgearbeitet, das sich aus Politikern, Wissenschaftlern und Militärs zusammensetzte. Es fertigte Analysen an und gab Empfehlungen für die Außenpolitik der Vereinigten Staaten, die grundlegend für die Politik der Reagan-Administration waren.

67 Evron Kirkpatrick, der Ehemann der Botschafterin, war einer der wichtigsten Begründer der aktuellen CIA. Zu seinen zahlreichen äußerst geheimen Aktivitäten zählte die Teilnahme an dem »National Psychological Warfare Program«, das die Verfolgung von Intellektuellen und Künstlern wegen ihrer vermeintlichen Beziehung zum internationalen Kommunismus zur Folge hatte. (Richard Hatch/Sarah Diamond: ›Operation Peace Institute‹, *Z Magazine*, Boston, Juli-August 1990.

68 Der ehemalige CIA-Offizier Philip Agee klagt Doherty in seinem Buch *Inside the Company,* (Penguin Books, Royalties Department, Middlesex, England, 1975),

dessentwegen er großen Repressalien durch die US-Regierung ausgesetzt war, an, »Gewerkschaftsagent der CIA« gewesen zu sein, als er die Funktion des Direktors von AIFLD ausübte. Grace, Präsident des in Lateinamerika stark vertretenen multinationalen Konzerns W.R. Grace and Co. und amtierender Präsident von AIFLD, bezeichnete Doherty als »einen sehr wichtigen CIA-Mitarbeiter für Gewerkschaftsfragen«.

69 Einige andere Personen des Bacardi-Clans, die entweder in den Vereinigten Staaten, Mexiko, Puerto Rico oder den Bahamas wohnhaft sind, Aktionen gegen Cuba ausgeführt und auf verschiedene Art und Weise die Fundación unterstützt und finanziert haben: Emilio und Gloria Estefan, Eddy Quirch, Leslie Pantin, Ana María Bacardi Comas, Tito Argamasilla Bacardi, José Argamasilla Grimany, Vilma Schueg Arellano, Lissette Arellano, Ana María Cutillas, Juan M. del Valle etc. Viele von ihnen werden im Informationsblatt der Organisation, *Fundación*, aufgeführt, »als bescheidene Geste der Anerkennung, für die Mitglieder, die die FNCA viele Jahre lang mit ihren Beiträgen unterstützt haben und somit in die Kategorie des Gründungsmitglieds aufgerückt sind«.

70 ›Homenaje de Bacardí a Luis Aguilar León‹, *Diario Las Américas,* Miami, 22. Juni 1996. Dazu auch: Álvaro Vargas Llosa: *El Exilio Indomable.* Espasa-Calpe, Madrid, 1998.

71 Alain Gresh: ›Une sainte alliance contre l'insaisissable ennemi?‹, *Le Monde Diplomatique,* Paris, Februar 1987. Revel gehörte zur Leitung von Freedom House, einer Organisation, die von sich sagt, sie verteidige die Menschenrechte, dies aber sehr parteiisch in Richtung auf die politischen Interessen der Vereinigten Staaten hin tut.

72 ›Vargas Llosa unterstützt das Embargo gegen Castro‹, *Diario Las Américas,* Miami, 22. Februar 1994.

73 *El Nuevo Herald,* Miami, 11. Oktober 1991.

74 ›Por una Cuba Libre y Democrática‹, *Fundación,* Informationsorgan der FNCA, Miami, Mai 1988.

75 *El Nuevo Herald,* Miami, 4. April 1992; ›Entrevista a Hubert Matos‹ y ›Entrevista a Ricardo Bofill‹; siehe Hernando Calvo Ospina/Katlijn Declercq: *Disidentes o Mercenarios?.* Casa Editora Abril, La Habana, 2000.

76 ›For a Free and Democratic Cuba‹, Fundación Nacional Cubano Americana, Miami. Es ist kein Herausgabedatum erkennbar, die Schrift wurde aber sicherlich zu Beginn der 90er herausgegeben.

Luis Aguilar León gehörte der ausgewählten und begrenzten Gruppe an, die 1960 bei Radio Swan mitarbeitete, einer geheimen Frequenz der CIA, die gegen Cuba gerichtet und auf Desinformation spezialisiert war. Weitere Intellektuelle im Dienste von ECAS waren: Susan Kaufman (Freedom House), Mark Falcoff (Freedom House und American Enterprise Institute), Paul Hollander, Irving L. Horowitz, Jaime Suchlicki u. a.

77 Álvaro Vargas Llosa: s. o.

78 Ninoska Pérez Castellón: *Un hombre y su tiempo.* Fundación Nacional Cubano Americana, Miami, Juli 1998.

79 Ebda.

80 Enrique Encinosa: *Cuba en guerra. Historia de la oposición anti-castrista 1959-1993.* Fondo de Estudios Cubanos de la Fundación Nacional Cubano Americana, Miami, 1995.

81 *Diario de Las Américas,* Miami, 17. März 1992.

82 ›Offener Brief an den Präsidenten der Vereinigten Staaten: Die Tage von Fidel Castro sind gezählt. Seiner gescheiterten Diktatur kein Entkommen!‹ bezahlte Anzeige, *El Nuevo Herlad,* Miami, 27. September 1994. ›Bürger für ein Freies Cuba‹ hat Persönlichkeiten in seinen Reihen wie: die Botschafterin Jeane Kirkpatrick; den Unterstaatsekretär Elliot Abrams; William Clark vom Nationalen Sicherheitsrat; die cubano-amerikanischen Botschafter Otto Reich und José Sorzano und andere. Ebenfalls dazu gehören verschiedene Mitglieder der Fundación, cubano-amerikanische Zuckermagnaten etc. Die überwältigende Mehrheit aller Namen aber, die diesen »Offenen Brief« unterzeichneten, gehören zum Bacardi Clan: Manuel J. Cutillas, Juan Grau, Juan Prado, Edwin Nielsen, verschiedene Mitglieder der Familie Arellano, Leslie Pantin und Eddy Quirch.

83 Der Kongress hatte am 10. Oktober mit dem Boland Amendment beschlossen, den *Contra* militärische Hilfe zu verweigern; es verbot der Reagan-Administration außerdem, direkte oder indirekte gegen Nicaragua gerichtete militärische Operationen weiterzuführen.

84 Kerry-Bericht: ›*Drugs, Law Enforcement and Foreign Policy‹, Subcommitte on Terrorism, Narcotics and International Operations of Foreign Relations, United States Senate.* US-Government Printing Office, Washington, 1989.

85 Hernando Calvo Ospina: *Don Pablo et ses amis.* EPO, Brüssel, 1994.

86 Ignacio Ramonet: ›La longue guerre occulte contre le Nicaragua‹, *Le Monde Diplomatique,* Paris, Februar 1987.

87 Die Franzosen Bernard-Henry Levy und Jean François Revel gehörten zu den Unterzeichnern eines an den Kongress der Vereinigten Staaten gerichteten Briefes, in dem sie um Geld und Unterstützung für die *Contra* baten. Unter den wichtigsten privaten Organisationen, *think tanks,* die dem Nationalen Sicherheitsrat und dem Außenministerium im anti-sandinistischen Krieg zur Seite standen, waren: Fundación Nacional Cubano Americana, National Defense Council und Foundation Conservative Caucus, die in ihren Führungsriegen ehemalige hochrangige, pro-faschistische Militärs wie John Singlaub und Daniel Graham aufweisen, aber auch Leute wie Jesse Helms und Dan Burton, zwei Mitglieder des Kongresses, die sich hier zum ersten Mal zu einem konterrevolutionären Plan vereinten; der Orden von Malta; Heritage Foundation; AFL-CIO; Freedom House; American Enterprise Institute; außerdem der American Security Council, der neben Jesse Helms und Robert Dole auch auf D. Graham und J. Singlaub zählen konnte, die Antikommunistische Weltliga mit J. Singlaub an der Spitze und Friends of the Democratic Center in Central America mit W. Doherty, P. Grace, J. Kirkpatrick, J. Mas Canosa etc.

88 Luis Posada Carriles: *Los caminos del guerrero,* vom Autor 1994 herausgegeben.

89 Kerry-Bericht: ›*Drugs, Law Enforcement and Foreign Policy‹,* s. o; dazu auch: Peter

Dale/Jonathan Marshall: *Cocaine Politics. Drugs, Armies, and the CIA in Central America*. University of California Press, Los Angeles, 1991.

90 ›Logros de la FNCA. Ayuda a los combatientes por la libertad‹, *El Miami Herald,* bezahlte Anzeige, Miami, 20. Mai 1986.

91 Ebda.

92 Álvaro Vargas Llosa: *El Exilio Indomable.* Espasa-Calpe, Madrid, 1998.

93 Gaeton Fonzi: ›Who is Jorge Mas Canosa‹, *Esquire,* Januar 1993.

94 Luis Posada Carriles: s. o.

95 Gaeton Fonzi: s. o.

96 Luis Posada Carriles: s. o.

97 Ruy Bacelar: ›Les appuis de l‹ Unita‹, *Le Monde Diplomatique,* Paris, Juni 1991.

98 Roger Faligot: ›Services secrets en Afrique‹, *Le Sycomore,* Paris, 1982.

99 Frank Church Kommission: *Senat der Vereinigten Staaten.* U.S. Government Printing Office, Washington, 1975.

100 Roger Faligot: s. o.

101 Black Manfort, Stone und Kelly hatten unter ihren Klienten auch den inzwischen verstorbenen Diktator Mobutu, mit dem sie 1989 einen Vertrag über eine Million Dollar unterzeichneten, um Hilfe von der US-Regierung zu erhalten.

102 Álvaro Vargas Llosa: s. o.

103 Es lohnt nicht, hier die hauptsächlichen konservativen Organisationen zu erwähnen, die die UNITA unterstützt haben. Es sind dieselben, die schon in Fußnote 87 als Unterstützer der *Contra* genannt wurden.

104 John Stockwell war die Person, die vom CIA an die Spitze der Angolan Task Force gestellt wurde, um den geheimen Krieg zu leiten. Jahre später gab Stockwell zu, dass Cuba nicht von der Sowjetunion den Befehl bekommen habe, dort aktiv zu werden, und dass im Gegenteil »die cubanische Führung sich aus ihren eigenen ideologischen Gründen dazu verpflichtet gefühlt habe«. (Roger Faligot: Services Secrets en Afrique: s. o.).

105 Álvaro Vargas Llosa: s. o.

106 Pierre Abramovici: ›Des millions de dollars pour les »combattants de la liberté«‹, *Le Monde Diplomatique,* Paris, 1986.

107 ›Logros de la FNCA. Ayuda a los combatientes por la libertad‹, *El Miami Herald,* bezahlte Anzeige, Miami, 20. Mai 1986.

108 ›La Fundación Informa al Pueblo‹, *Diario Las Américas,* bezahlte Anzeige, Miami, 20. Mai 1988.

109 *Jornal de Angola,* Luanda, 15. Januar 1999.

110 *El Nuevo Herald,* Miami, 26. September 1992.

111 Álvaro Vargas Llosa: *El Exilio Indomable.* Espasa-Calpe, Madrid, 1998.

112 Ninoska Pérez Castellón: *Un hombre y su tiempo.* Fundación Nacional Cubano Americana, Miami, 1998.

113 Álvaro Vargas Llosa: s. o.

114 *Diario Las Américas*, 30. Januar 1992.

115 *The Wall Street Journal*, New York, 16. Oktober 1992.

116 Álvaro Vargas Llosa: s. o.

117 *The Wall Street Journal*, New York, 3. August 1992.

118 *El Nuevo Herald*, Miami, 23. Februar 1991

119 *El Nuevo Herald*, Miami, 14. Februar 1991. Die Terroristen waren Mario Chánes und Ernesto Díaz Rodríguez. Letzterer ist bereits wieder in Freiheit. Er ist mit der FNCA eng verbunden und machte einige von der NGO Pax Christi Holland organisierte Rundreisen durch Europa.

120 *Diario Las Américas*, Miami, 5. Februar 1992.

121 *Diario Las Américas*, Miami, Februar 1992.

122 *The Wall Street Journal*, New York, 16. Oktober 1992.

123 *El Nuevo Herald* und *Diario Las Américas*, Miami, 26. September 1992.

124 Enrique Encinosa: *Cuba en guerra. Historia de la oposición anti-castrista 1959-1993*. Fondo de los Estudios Cubanos de la Fundación Nacional Cubano Americana, Miami, 1995.

125 *El Nuevo Herald*, 28. September 1992.

126 *El Nuevo Herald*, September 1992.

127 Es war ein wirklicher Sieg für die cubanische Regierung, als 59 Länder in den Vereinten Nationen das Gesetz verurteilten, darunter Spanien, Frankreich, Kanada, Mexiko und China. Drei Länder stimmten dafür: Vereinigte Staaten, Israel und Rumänien, während sich 71 enthielten – darunter Deutschland, Russland und England.

128 Álvaro Vargas Llosa: s. o.

129 *The Times*, 20. Februar 1995.

130 Ibraim Warde: ›Coupes claires dans l'aide extérieur‹, *Le Monde Diplomatique*, Paris, November 1995.

131 Serge Halimi: ›Des médias en tenue camouflée‹, *Le Monde Diplomatique*, Paris, März 1991.

132 Patrick Kiger/John Kruger: ›Squeeze Play: The United States, Cuba and the Helms-Burton Act‹, *The Center for Public Integrity*, Washington, März 1997. Um eine Vorstellung von der Art der Obsession zu bekommen, die im Kongress der USA Cuba gegenüber besteht: Allein in der 150. Sitzungsperiode (1997-1998) wurden 47 Gesetzesvorlagen eingebracht, in denen es fast ausschließlich darum ging, wie man Cuba angreifen kann.

133 Ebda. Die Kongressabgeordneten, die schließlich die Gesetzesvorlage im Repräsentantenhaus einbrachten, waren: Dan Burton, Benjamín Gilman, Ileana Ros-Lehtinen, Lincoln Díaz-Balart, Robert Torricelli, Robert Menéndez. Im Senat wurde sie vorgestellt von: Jesse Helms, Paul Coverdeli, Fred Thompson, Olympia Snowe, Charles Robb.

134 Ebda.

135 Ebda.

136 *The Washington Post,* Washington, 12. September 1995. In einem vom Pentagon erstellten Bericht wird Cuba nicht mehr als militärische Gefahr für die Sicherheit der Vereinigten Staaten angesehen. Allerdings beginge man einen schweren Fehler, einen Bürgerkrieg auf der Insel zu fördern, weil dieser unvorhersehbare Folgen für die ganze Region mit sich bringen könnte. *Los militares y la transición en Cuba: una guía de referencia para el manejo de la política y la crisis.* Bericht des Pentagon unter der Leitung von Nestor Sánchez, Washington, März 1995.

137 Brief abgedruckt in *Diario Las Américas,* Miami, 12. März 1995.

138 Patrick Kiger/John Kruger: s. o.

139 *Diario Las Américas,* Miami, 2. April 1995.

140 *El Nuevo Herald,* 13. Mai 1995. Das FBI erklärte Orlando Bosch, der enge Kontakte zu der Organisation des Bacardi-Magnaten RECE unterhielt, zu einem der gefährlichsten Terroristen des Kontinents. Nachdem er eine Haftstrafe in Venezuela abgesessen hatte (weil er 1976 ein Flugzeug der Cubana in der Luft zur Explosion gebracht hatte), wollten die US-Behörden ihn ausweisen.

Aber die Lobbyarbeit der Fundación bei hohen politischen Instanzen der USA bis hin zum Präsidenten und die Tatsache, dass kein Land bereit war, ihn aufzunehmen, führten dazu, dass er in Miami in Freiheit leben konnte. Die cubanische Regierung forderte seine Auslieferung, um ihn vor Gericht stellen zu können, aber dies wurde abgelehnt. Eine andere Organisation, die sich für ihn stark machte, war die Junta Patriotica Cubana. Diese Organisation, die einen großen Teil der kriegerischsten Gruppen und Grüppchen des Exils an sich band, die Fundación Nacional Cubano Americana eingeschlossen, sagt über sich, dass sie gegründet wurde, »um den gerechten und notwendigen Krieg nach Cuba zu tragen«.

141 *El Nuevo Herald,* 13. Mai 1995.

142 Patrick Kiger/John Kruger: s. o.

143 Enrique Encinosa: *Cuba en guerra. Historia de la oposición anti-castrista 1959-1993.* Fondo de Estudios Cubanos de la Fundación Nacional Cubano-Americana, Miami, 1995.

144 Emilio Estefan jr. gehört zu den Bacardi-Aktionären (Estefan Enterprises Inc., Miami). Emilio arbeitete zwölf Jahre lang als Marketing-Direktor für Bacardi Import. Der erste öffentliche Auftritt von Gloria Estefan, begleitet von der bescheidenen Band von Emilio, fand 1975 in einem kleinen Nachtclub mit dem Namen »Bacardí« statt. Der Vater der Künstlerin, ein ehemaliger Leibwächter des Diktators Batista, gehörte zur Söldnerbrigade 2506.

145 *Diario Las Américas,* Miami, 21. Juni 1994.

146 Hernando Calvo Ospina/Katlijn Declercq: ›Entrevista a José Basulto‹, *Disidentes o Mercenarios?,* Casa Editora Abril, La Habana, 2000.

147 *La Jornada,* Mexiko, 13. März 1996.

148 Ebda.

149 Hermenegildo Altozano: ›España debe proteger sus inversiones en Cuba‹, *El País*, Madrid, 3. Juni 1996.

150 Patrick Kiger/John Kruger: s. o.

151 ›Homenaje a Aznar; habla con exilio‹, *El Nuevo Herald*, 28. November 1995.

152 *El Nuevo Herald*, Miami, 15. Juli 1995.

153 *The Miami Herald*, 15. Juli 1995.

154 *Diario Las Américas*, 19. April 1995.

155 *El Nuevo Herald*, 15. Juli 1995

156 Ebda.

157 *The Sun*, Baltimore, 22. Mai 1995.

158 *El Nuevo Herald*, Miami, 19. Juli 1995.

159 Patrick Kiger/John Kruger: ›Squeeze Play: The United States, Cuba and the Helms-Burton Act‹, *The Center for Public Integrity*, Washington, März 1997.

160 *El Nuevo Herald*, Miami, März 1996.

161 Álvaro Vargas Llosa: *El exilio indomable*. Espasa-Carpe, Madrid 1998.

162 Álvaro Vargas Llosa: s. o. Wie aus dem Text hervorgeht, führte Bacardi die Lobbyarbeit im Kongress nicht selbst durch. Dafür war die Fundación Nacional Cubano Americana zuständig. Einer der wenigen, die direkt für Bacardi Lobbyarbeit machten, war Luis Aguilar León. Bacardi ließ ihm im Mai 1996 »wegen seines brillanten akademischen und journalistischen Lebenswerks eine gefühlvolle Ehrung zuteil werden«. Manuel J. Cutillas gratulierte ihm persönlich. Bei dieser Feier waren neben weiteren Vorstandsmitgliedern von Bacardi auch Führer der Fundación Nacional Cubano Americana, wie Pepe Hernández, Domingo Moreira, Roberto Súarez und außerdem Carlos Alberto Montaner anwesend (*Diario Las Américas*, Juni 1996). Montaner ist ein cubanischer Intellektueller, der in Spanien seinen Wohnsitz hat, und nach Aussage cubanischer Behörden ein CIA-Agent.

163 Ebda.

164 Siehe Diagramm im Anhang.

165 *El Nuevo Herald*, Miami, März 1996.

166 Ebda.

167 *The Sun*, Baltimore, 22. Mai 1995.

168 *El Nuevo Herald*, Miami, März 1996.

169 Patrick Kiger/John Kruger: s. o.

170 Álvaro Vargas Llosa: s. o.

171 Von 1976 bis 1981 war Reich Direktor des »Council of the Americas«, einer Assoziation von US-amerikanischen Unternehmen, die in Lateinamerika und der Karibik investiert haben, wozu auch Bacardi gehörte. Danach verbrachte er zwei Jahre in der Lateinamerika-Abteilung von US-AID, wo er jedes Hilfegesuch der Sandinisten blockierte. Ronald Reagan ernannte ihn zu einem der Botschafter vor der UNO in Genf, was er mit Freuden annahm, weil es seiner eigenen Aussage nach »eine große Ehre ist, die Vereinigten Staaten zu repräsentieren« (*El Nu-*

evo Herald, Miami, 28. Februar 1991). Während seines Aufenthalts bei der Weltorganisation öffnete er der FNCA viele Türen für ihre Lobbyarbeit gegen Cuba.
Reich ist zusammen mit Kirkpatrick, Malcolm Forbes jr., Revel und Doherty u.
a. im Vorstand von Freedom House.

172 Ein weiteres wichtiges Vorstandsmitglied der Brock Gruppe ist James Frierson,
der die Politik der Vereinigten Staaten bei den GATT-Verhandlungen in der
Uruguay-Runde 1987-1989 koordinierte.

173 *The World of Bacardi-Martini.* Für *Bacardi Limited-Pembrocke,* Bermudas, erstellt von
Sidney M. Maran. Das Herausgabedatum geht daraus nicht genau hervor, wird
aber sicher in der zweiten Hälfte der neunziger Jahre liegen.

174 ›Dos intrépidos importadores se enfrentan al poder de Bacardi‹, *El Nuevo Herald,*
Miami, 31. Mai 1994.

175 Dieses Wachstum fand statt, obwohl ihm der Zugang zum riesigen US-Markt
verwehrt ist, den Bacardi wie eine Burg verteidigt. Von daher versteht sich auch
die verbissene politische Aktivität des Rum-Imperiums gegen die Aufhebung der
Blockade oder auch nur die Wiederaufnahme von Handelsbeziehungen zwischen den Vereinigten Staaten und Cuba.

176 Alejandro Benes: ›The Spirit of the Bat‹, *Cigar Aficionado,* Washington, 1996.

177 *El libro de Cuba,* La Habana, 1925.

178 Die Weltorganisation für geistiges Eigentum (WIPO) ist eine besondere UNO-
Institution mit Sitz in Genf, die damit befasst ist, über Autorenrechte und intellektuelles Eigentum zu wachen. Sie ist dafür verantwortlich, dass die Berner
(über die Autorenrechte) und die Pariser (industrielles Eigentum) Konventionen
erfüllt werden; dazu gehören noch andere Vereinbarungen, die in die letzte Kon-
vention aufgenommen wurden, insbesondere das Kooperationsabkommen zum
Schutz der Patente (Patent Cooperation Treaty – PCT).

179 Malcolm Forbes, der Besitzer der Zeitschrift *Forbes,* war Präsident des Exekutivkomitees der Kommission für den Wiederaufbau Cubas, ein von der Fundación
Nacional Cubano Americana ins Leben gerufenes Gebilde (siehe Kapitel 14).

180 *El País,* Madrid, 27. Juni 1999.

181 Ebda.

182 Ebda. In Spanien brachten Bacardi-Martini und die Familie Arechabala eine Klage gegen die Korporation Havana Club Holding vor, um die Handelsmarke wiederzubekommen. Die Kanzlei Gómez Acebo und Pombo, die sie in diesem
Rechtsstreit vertritt, gehört zum American Club Corporate, dessen Ehrenpräsi-
dent der US-Botschafter in Spanien ist. Die Kanzlei wird von Oscar Garibaldi,
einem Rechtsanwalt von Covington and Burling beraten, eine Gruppe, die für
Bacardi arbeitet und an der Ausarbeitung des Helms-Burton-Gesetzes beteiligt
war (siehe Kapitel 11).

183 ›For a Free and Democratic Cuba‹, Fundación Nacional Cubano Americana,
Miami. Herausgabedatum nicht bekannt, aber sicherlich in der zweiten Hälfte
der neunziger Jahre erschienen.

184 Ernesto Betancourt: ›La solución interna‹, *El Nuevo Herald,* Miami, 13. September 1991.

185 Die kursiv gedruckte Heraushebung stammt vom Autor.

186 *The Miami Herald,* Miami, Mai 1994.

187 ›Brilliante cierre del Congreso Hemisférico‹, *Diario Las Américas,* Miami, 24. September 1991.

188 Jean Michel Caroit: ›A Panamá, de «justes causes» toujours en attente de solution‹, *Le Monde Diplomatique,* Paris, Januar 1991.

189 *Diario Las Américas,* Miami: 19. und 30. April 1994.

190 Wenn nichts anderes angegeben ist, sind alle Informationen über die Ziele des Business Council seinen öffentlichen Dokumenten entnommen (www.uscubabusinesscouncil.org/; www.uscubabiz.org/).

191 *El Nuevo Herald,* Miami, 13. Juli 1995.

192 Cuba On-Line wurde Ende der neunziger Jahre zu dem Zweck geschaffen, Unternehmen und Korporationen, die nach dem Verschwinden des gegenwärtigen Systems daran interessiert sind, in Cuba zu investieren, Informationen und Analysen verschiedener Art zu liefern.

1999 erhielt es von der US-AID 300.000 Dollar. In den höchsten Vorstandsrängen finden sich Juan Prado, ein hoher Verantwortungsträger bei Bacardi, und der ehemalige Offizier der CIA und des Pentagons, Nestor Sánchez, der 1963 in ein Attentat gegen Fidel Castro involviert war. Bacardi nutzt die Dienste von Cuba On-Line.

193 Seit 1970 finden in der Schweizer Stadt Davos informelle Treffen statt, an denen sowohl die politisch Verantwortlichen der wichtigsten kapitalistischen Mächte teilnehmen als auch an die neunhundert Führer von Banken und multinationalen Konzernen, darunter auch Bacardi. Die zentralen Themen sind: Untersuchung der Fortschritte der Marktwirtschaft, die Abschaffung der staatlichen Regulierungen, die ihr im Weg stehen, und Entscheidungen über weltweite Strategien für die Wirtschaft. Das Davos-Forum hat sich in ein Zentrum des Hyperliberalismus und des sonderbaren Denkens verwandelt, welches von der Diktatur des Kapitalismus über die Gesellschaft und über die Staaten ausgeht. Wenn auch noch schwach, so hat doch eine gegen das Forum gerichtete Bewegung Gestalt angenommen. Sie hat sich hauptsächlich in Europa gebildet, zu ihr gehören aber auch soziale Bewegungen wie die »Sin Tierra« in Brasilien.

194 Alejandro Benes: ›The Spirit of the Bat‹, *Cigar aficionado,* Washington, 1996.

95 »Maquiladoras« heißen die Fabriken in Lateinamerika, in denen die meist weiblichen Beschäftigten praktisch in einem gesetzlosen Raum arbeiten. Gewerkschaften sind verboten, Lohn und Arbeitsbedingungen sind miserabel, eine hohe Zahl von Überstunden (oft unbezahlt) ist Pflicht, Entlassungen sind jederzeit möglich, und es gibt keine Sozialleistungen.

196 Ebda.

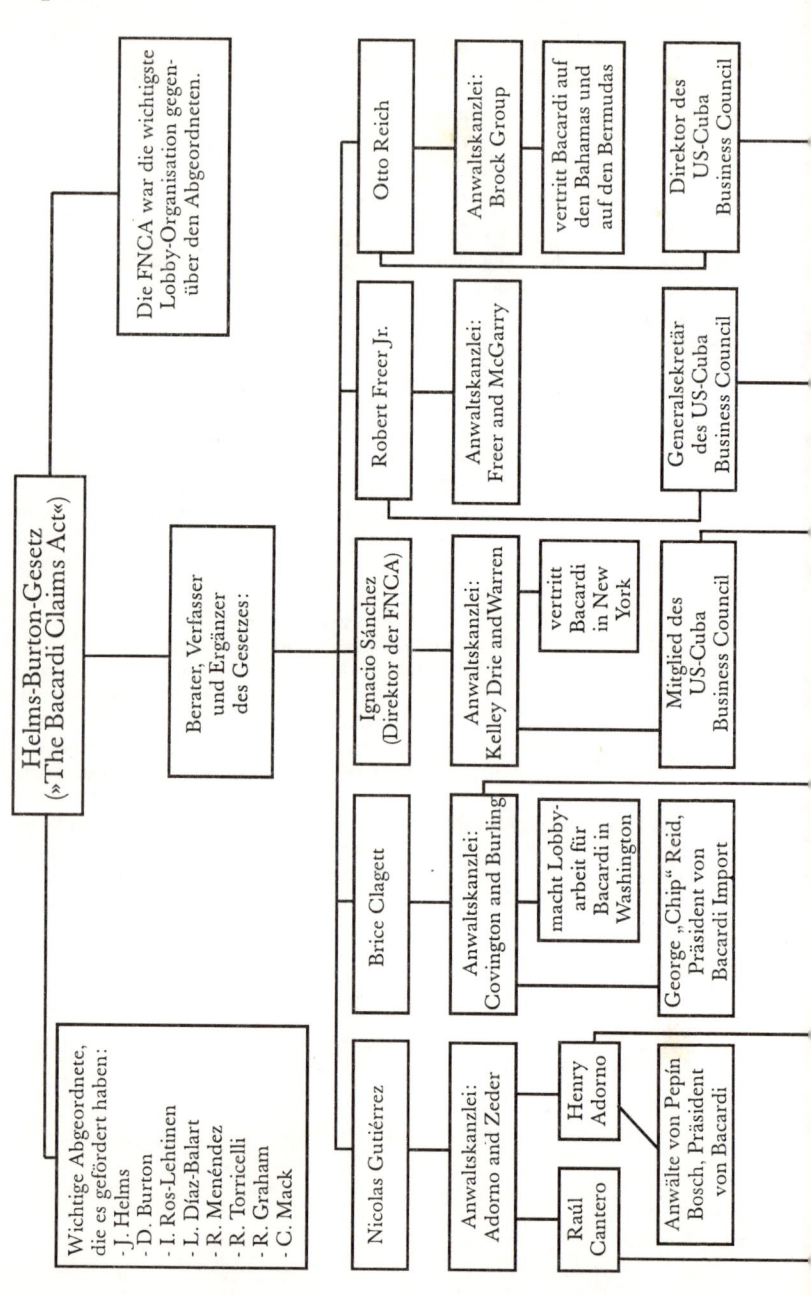

Helms-Burton-Gesetz
(»The Bacardi Claims Act«)

Die FNCA war die wichtigste Lobby-Organisation gegenüber den Abgeordneten.

Wichtige Abgeordnete, die es gefördert haben:
- J. Helms
- D. Burton
- I. Ros-Lehtinen
- L. Díaz-Balart
- R. Menéndez
- R. Torricelli
- R. Graham
- C. Mack

Berater, Verfasser und Ergänzer des Gesetzes:

Nicolas Gutiérrez

Anwaltskanzlei: Adorno and Zeder

Raúl Cantero

Henry Adorno

Anwälte von Pepín Bosch, Präsident von Bacardi

Brice Clagett

Anwaltskanzlei: Covington and Burling

macht Lobbyarbeit für Bacardi in Washington

George „Chip" Reid, Präsident von Bacardi Import

Ignacio Sánchez (Direktor der FNCA)

Anwaltskanzlei: Kelley Drie and Warren

vertritt Bacardi in New York

Mitglied des US-Cuba Business Council

Robert Freer Jr.

Anwaltskanzlei: Freer and McGarry

Generalsekretär des US-Cuba Business Council

Otto Reich

Anwaltskanzlei: Brock Group

vertritt Bacardi auf den Bahamas und auf den Bermudas

Direktor des US-Cuba Business Council

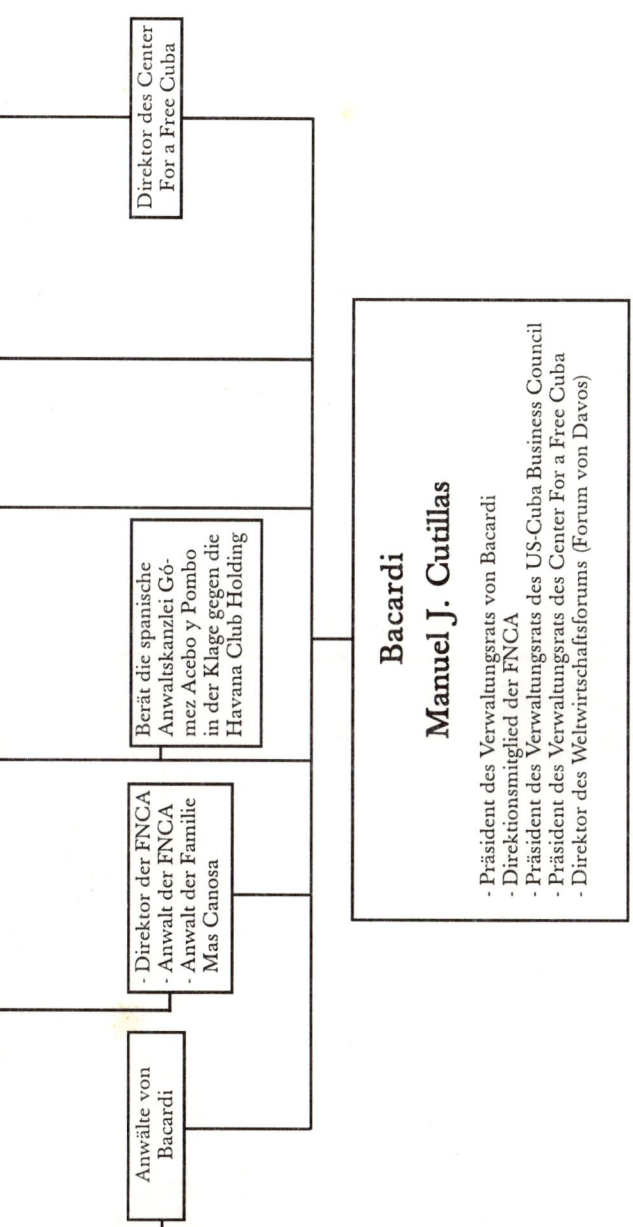

Direktor des Center For a Free Cuba

Berät die spanische Anwaltskanzlei Gómez Acebo y Pombo in der Klage gegen die Havana Club Holding

- Direktor der FNCA
- Anwalt der FNCA
- Anwalt der Familie Mas Canosa

Anwälte von Bacardi

**Bacardi
Manuel J. Cutillas**

- Präsident des Verwaltungsrats von Bacardi
- Direktionsmitglied der FNCA
- Präsident des Verwaltungsrats des US-Cuba Business Council
- Präsident des Verwaltungsrats des Center For a Free Cuba
- Direktor des Weltwirtschaftsforums (Forum von Davos)

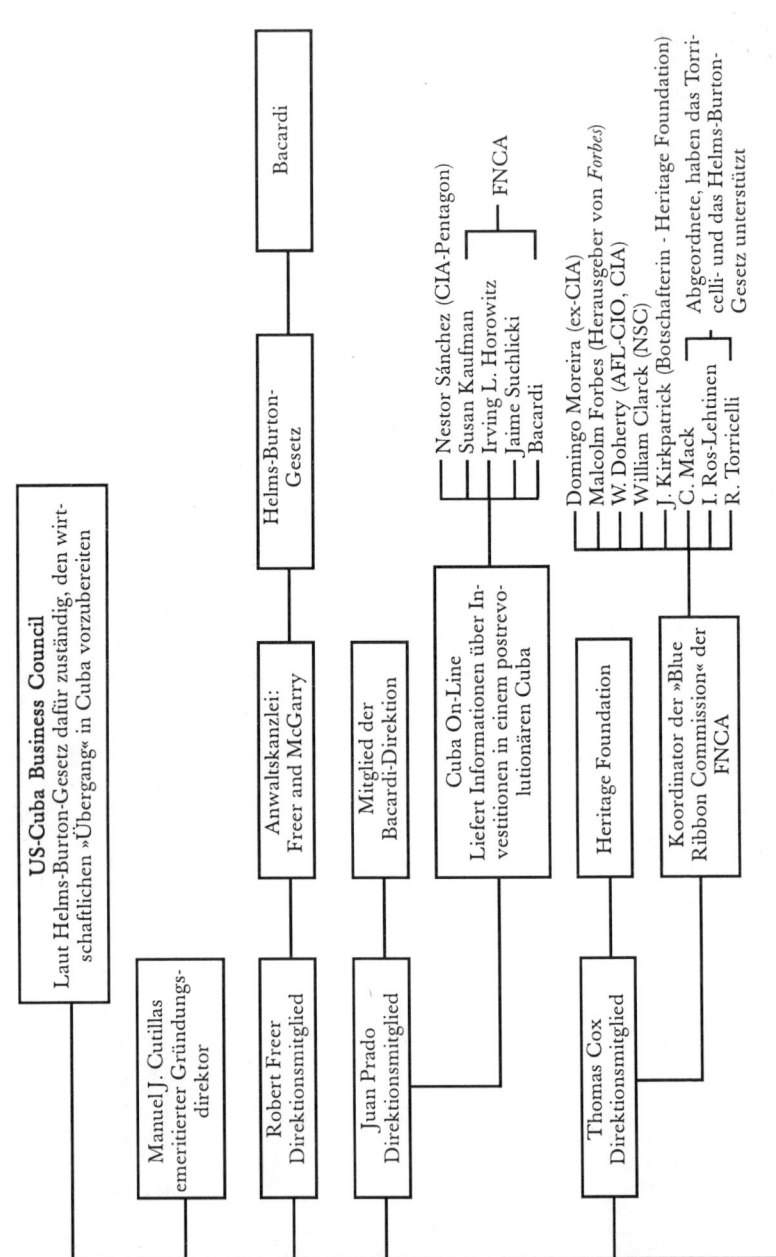

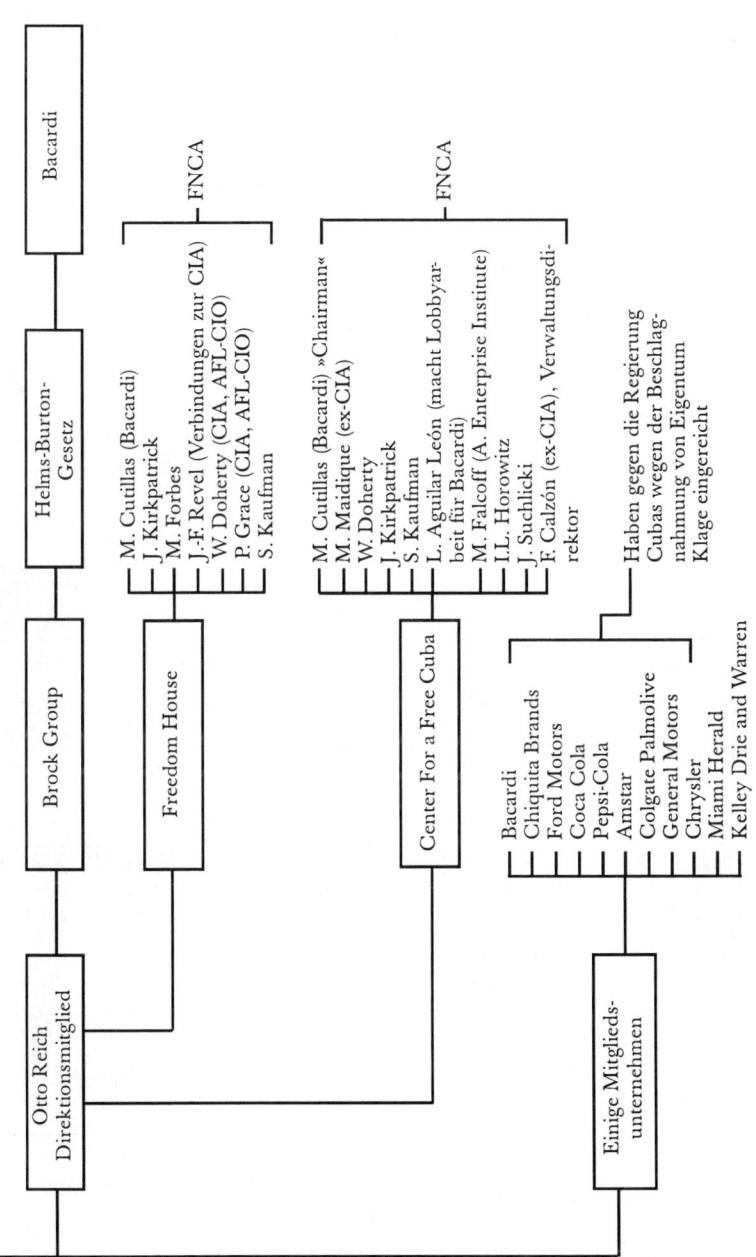

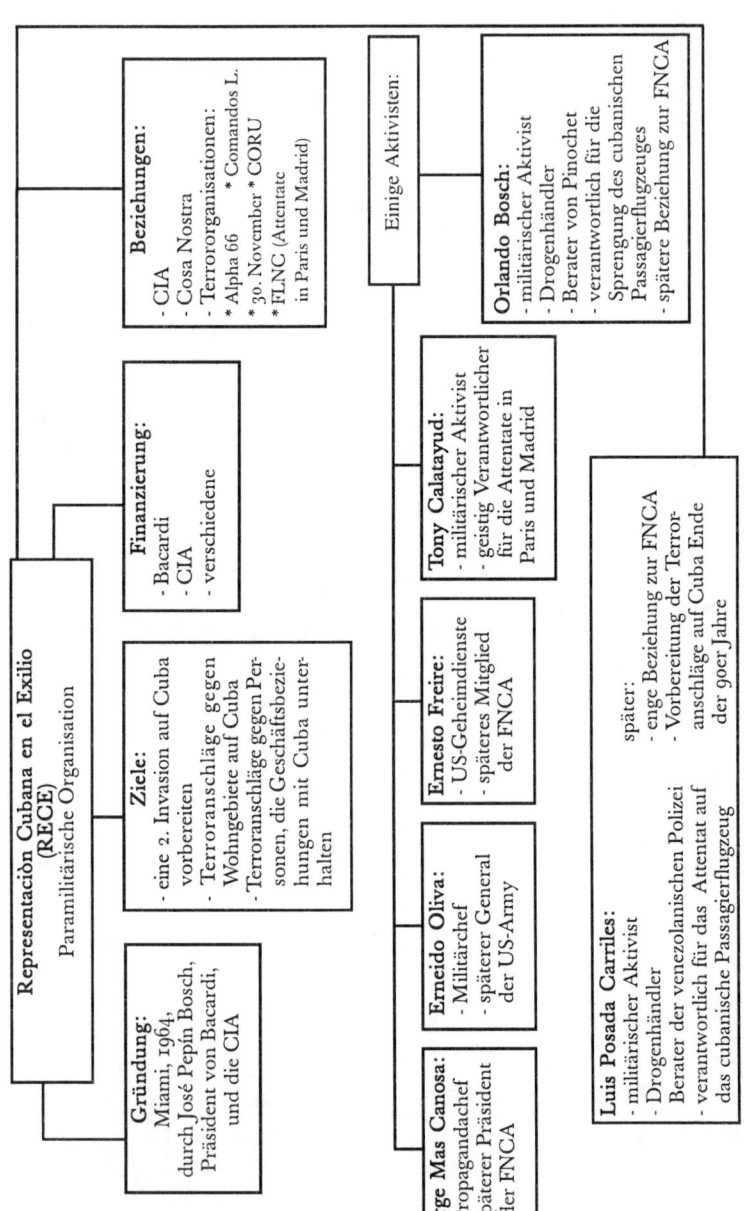

Representación Cubana en el Exilio
(RECE)
Paramilitärische Organisation

Gründung:
Miami, 1964,
durch José Pepín Bosch,
Präsident von Bacardi,
und die CIA

Ziele:
- eine 2. Invasion auf Cuba
  vorbereiten
- Terroranschläge gegen
  Wohngebiete auf Cuba
- Terroranschläge gegen Personen, die Geschäftsbeziehungen mit Cuba unterhalten

Finanzierung:
- Bacardi
- CIA
- verschiedene

Beziehungen:
- CIA
- Cosa Nostra
- Terrororganisationen:
  * Alpha 66   * Comandos L.
  * 30. November * CORU
  * FLNC (Attentate
    in Paris und Madrid)

Einige Aktivisten:

Jorge Mas Canosa:
- Propagandachef
- späterer Präsident
  der FNCA

Erneido Oliva:
- Militärchef
- späterer General
  der US-Army

Ernesto Freire:
- US-Geheimdienste
- späteres Mitglied
  der FNCA

Tony Calatayud:
- militärischer Aktivist
- geistig Verantwortlicher
  für die Attentate in
  Paris und Madrid

Orlando Bosch:
- militärischer Aktivist
- Drogenhändler
- Berater von Pinochet
- verantwortlich für die
  Sprengung des cubanischen
  Passagierflugzeuges
- spätere Beziehung zur FNCA

Luis Posada Carriles:
- militärischer Aktivist
- Drogenhändler
- Berater der venezolanischen Polizei
- verantwortlich für das Attentat auf
  das cubanische Passagierflugzeug

später:
- enge Beziehung zur FNCA
- Vorbereitung der Terroranschlag auf Cuba Ende
  der 90er Jahre

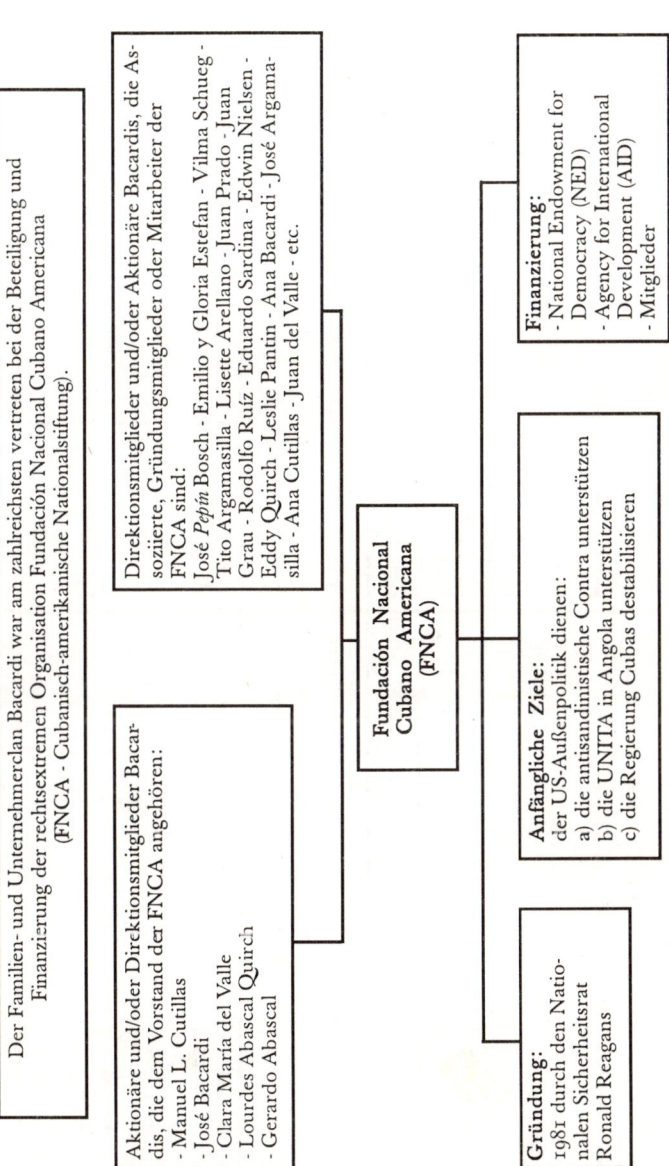

Der Familien- und Unternehmerclan Bacardi war am zahlreichsten vertreten bei der Beteiligung und Finanzierung der rechtsextremen Organisation Fundación Nacional Cubano Americana (FNCA - Cubanisch-amerikanische Nationalstiftung).

Aktionäre und/oder Direktionsmitglieder Bacardis, die dem Vorstand der FNCA angehören:
- Manuel L. Cutillas
- José Bacardi
- Clara María del Valle
- Lourdes Abascal Quirch
- Gerardo Abascal

Direktionsmitglieder und/oder Aktionäre Bacardis, die Assozierte, Gründungsmitglieder oder Mitarbeiter der FNCA sind:
José *Pepín* Bosch - Emilio y Gloria Estefan - Vilma Schueg - Tito Argamasilla - Lisette Arellano - Juan Prado - Juan Grau - Rodolfo Ruiz - Eduardo Sardina - Edwin Nielsen - Eddy Quirch - Leslie Pantin - Ana Bacardi -José Argamasilla - Ana Cutillas - Juan del Valle - etc.

Fundación Nacional Cubano Americana (FNCA)

Anfängliche Ziele:
der US-Außenpolitik dienen:
a) die antisandinistische Contra unterstützen
b) die UNITA in Angola unterstützen
c) die Regierung Cubas destabilisieren

Gründung:
1981 durch den Nationalen Sicherheitsrat Ronald Reagans

Finanzierung:
- National Endowment for Democracy (NED)
- Agency for International Development (AID)
- Mitglieder

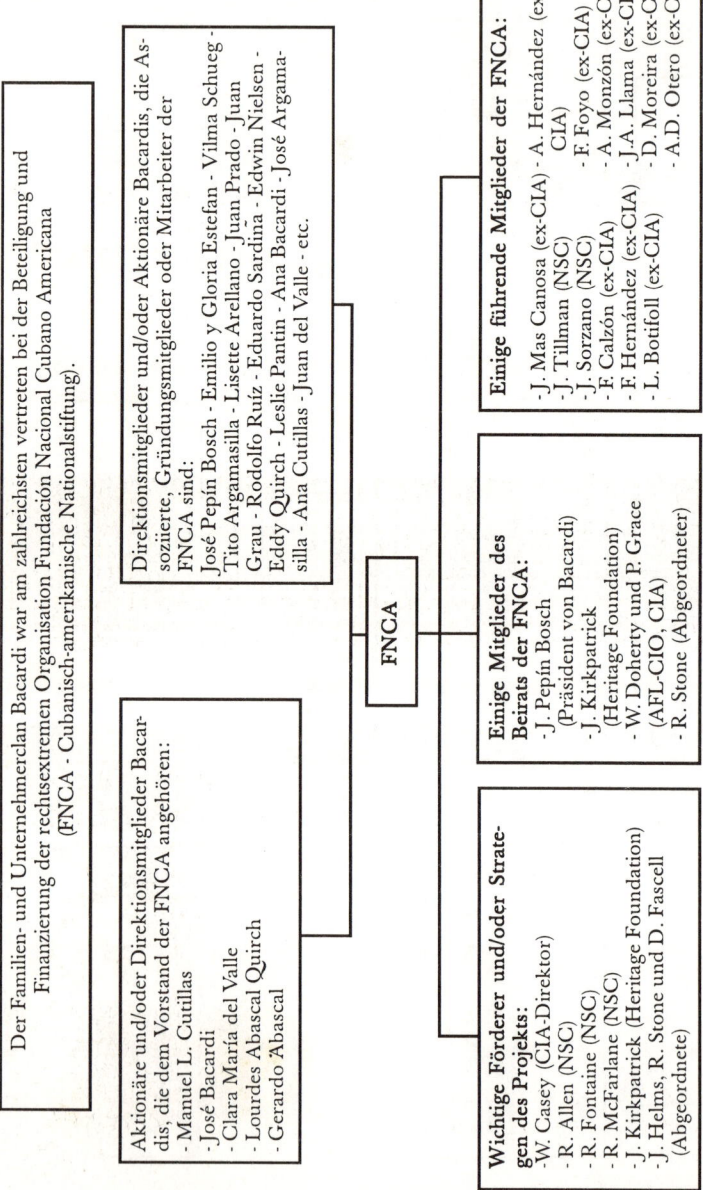

Der Familien- und Unternehmerclan Bacardi war am zahlreichsten vertreten bei der Beteiligung und Finanzierung der rechtsextremen Organisation Fundación Nacional Cubano Americana (FNCA - Cubanisch-amerikanische Nationalstiftung).

Aktionäre und/oder Direktionsmitglieder Bacardis, die dem Vorstand der FNCA angehören:
- Manuel L. Cutillas
- José Bacardi
- Clara María del Valle
- Lourdes Abascal Quirch
- Gerardo Abascal

Direktionsmitglieder und/oder Aktionäre Bacardis, die Assoziierte, Gründungsmitglieder oder Mitarbeiter der FNCA sind:
José Pepín Bosch - Emilio y Gloria Estefan - Vilma Schueg - Tito Argamasilla - Lisette Arellano - Juan Prado - Juan Grau - Rodolfo Ruiz - Eduardo Sardina - Edwin Nielsen - Eddy Quirch - Leslie Pantin - Ana Bacardi - José Argamasilla - Ana Cutillas - Juan del Valle - etc.

FNCA

Einige führende Mitglieder der FNCA:
- J. Mas Canosa (ex-CIA)
- J. Tillman (NSC)
- J. Sorzano (NSC)
- F. Calzón (ex-CIA)
- F. Hernández (ex-CIA)
- L. Botifoll (ex-CIA)
- A. Hernández (ex-CIA)
- F. Foyo (ex-CIA)
- A. Monzón (ex-CIA)
- J.A. Llama (ex-CIA)
- D. Moreira (ex-CIA)
- A.D. Otero (ex-CIA)

Einige Mitglieder des Beirats der FNCA:
- J. Pepín Bosch (Präsident von Bacardi)
- J. Kirkpatrick (Heritage Foundation)
- W. Doherty und P. Grace (AFL-CIO, CIA)
- R. Stone (Abgeordneter)

Wichtige Förderer und/oder Strategen des Projekts:
- W. Casey (CIA-Direktor)
- R. Allen (NSC)
- R. Fontaine (NSC)
- R. McFarlane (NSC)
- J. Kirkpatrick (Heritage Foundation)
- J. Helms, R. Stone und D. Fascell (Abgeordnete)

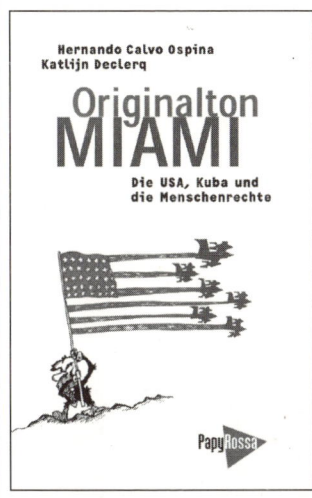